Schriften des deutschen Vereins

für

Armenpflege und Wohlthätigkeit.

Neunundfünfzigstes Heft.

Ernst Pütter, Das Ziehkinderwesen.

Leipzig,
Verlag von Duncker & Humblot.
1902.

Das Ziehkinderwesen.

Gutachten,

erstattet

im Auftrage des deutschen Vereins für Armenpflege
und Wohlthätigkeit

von

Stadtrat **Ernst Pütter** (Halle a. S.).

Leipzig,
Verlag von Duncker & Humblot.
1902.

Alle Rechte vorbehalten.

Pierer'sche Hofbuchdruckerei Stephan Geibel & Co. in Altenburg.

Inhaltsverzeichnis.

	Seite
Einleitung	1
Fürsorge für Schwangere	2
Fürsorge für Wöchnerinnen	2
Fürsorge für Säuglinge	3
Aufnahme von Säuglingen in Anstalten	4
Familienpflege	4

Inhalt I. der Gesetze und Ministerialerlasse über das Zieh=, Halte= oder Kostkinderwesen 7
        Deutsches Reich S. 5. — Preußen S. 5. — Bayern u. Baden S. 6. — Württemberg S. 6. — Hessen S. 7. — Sachsen=Weimar, Sachsen=Altenburg, Schaumburg=Lippe, Lübeck, Hamburg S. 7. — Die übrigen Staaten S. 7.

  „ II. der Polizeiverordnungen der Ober= und Regierungspräsidenten 8

III. Beschreibung der Veranstaltungen von Ortspolizeibehörden und städtischen Armenverwaltungen auf dem Gebiete des Zieh=, Halte= und Kostkinderwesens . . . . 9— 14

Die Aufgaben des Ziehkinderarztes und der besoldeten Waisenpflegerinnen . . 14— 19

Die Nachteile der ehrenamtlichen Aufsicht . . . . 19— 21
Ausdehnung der Ziehkinderaufsicht auf Stadt und Land. Vorschlag zur reichsgesetzlichen Regelung des Ziehkinderwesens. Generalvormundschaft, Kosten der Beaufsichtigung . . . . 21— 26
Schlußwort. Thesen 27

Anhang.

Wortlaut I. der Gesetze und ministeriellen Verordnungen für Preußen, Bayern, Württemberg, Baden, Hessen, Sachsen=Weimar, Sachsen=Altenburg, Schaumburg=Lippe, Lübeck, Hamburg . 31— 59

  „ II. von Polizeiverordnungen einiger Ober= und Regierungspräsidenten . . . . 60— 68

  „ III. von Vorschriften und Mitteilungen aus Städten . . . . 69— 83

  IV. Die Einrichtung und Handhabung des Ziehkinderwesens in der Stadt Halle a. S. Von Professor Dr. Reineboth, Ziehkinderarzt der Stadt Halle a. S. . . . . 84— 91

Elsaß=Lothringen (während des Druckes eingegangen) . . . . 92—106

Einleitung.

Im modernen Staat wird der Mensch als das kostbarste Gut im Staate angesehen. Die gesetzgebenden Faktoren des Deutschen Reiches haben dies durch Erlaß von sozialen Gesetzen anerkannt, die Fürsorge der Einzelstaaten, die im stetigen Ausbau begriffene amtliche und private Wohltätigkeitspflege bezeugen es täglich. Das Staatsinteresse fordert es, daß der erhebliche Nachwuchs an Zieh- oder Haltekindern kräftig gedeihe und nicht durch mangelhafte Pflege und Aufsicht verkümmert oder untergeht. Die auf das Gedeihen dieser Kinder gerichteten Bestrebungen finden eine wesentliche Stütze in den Lehren über die öffentliche Gesundheitspflege, deren Anforderungen nachzuleben allmählich auch Bedürfnis der ärmeren Bevölkerung wird.

Am stärksten sind die Mängel an den notwendigsten Lebensbedingungen des Menschen, an Licht, guter Luft und Reinlichkeit in den großen Städten hervorgetreten und in diesen hat man sich auch zuerst um Mittel zur Abhilfe der Übelstände bemüht.

Auf dem Gebiete des Haltekinderwesens waren es vornehmlich wohltätige Frauen, die, erschreckt durch das massenhafte Sterben der Kinder in den niederen Volksschichten, besonders der bei fremden Leuten untergebrachten Säuglinge, den Behörden zur besseren Beaufsichtigung dieser verlassenen oder verwaisten Geschöpfe ihre Hilfe anboten oder auf Ersuchen ihre Kräfte in uneigennütziger Weise zur Verfügung stellten.

Die Behörden, welche dem Haltekinderwesen, bis auf wenige Ausnahmen, nur geringwertige Beachtung geschenkt hatten, nahmen diese Hilfe gerne an und benutzten sie zur Kontrolle der Ziehmütter. Zweifellos ist dieser ehrenamtlichen Arbeit der Erfolg zuzuschreiben, daß den „Engelmacherinnen" in den großen Städten ihr schreckliches Handwerk sehr erschwert ist, aber der notwendige Schritt auf dieser Bahn, daß weiter auch den Haltekindern selbst mit ihren vielen angeborenen Fehlern wirksame Hilfe gebracht würde, ist nur in wenigen Städten getan. Das langsame Hinmorden der Kinder hat bedeutend abgenommen, nicht in gleichem Maße die Sterblichkeit der Kinder. Diese Ziffer kann erst dann niedriger werden, wenn dem Kinde selbst die nötige und sachverständige Aufmerksamkeit zugewendet wird.

Unter diesem Gesichtspunkt wollen wir das Schicksal eines bei fremden Leuten untergebrachten unehelichen, oder öffentlichrechtlich hilfsbedürftigen Kindes verfolgen und zu diesem Zwecke bei der

Fürsorge für Schwangere

beginnen. Diese wird seitens der Armenverwaltungen in der Regel erst dann eingeleitet, wenn die Arbeitsfähigkeit der bedürftigen Schwangeren zum Erwerb ihrer Unterhaltungskosten nicht mehr ausreicht. Kann die Schwangere in ihrer Wohnung verbleiben, so genügt einfache Geldunterstützung. Da aber viele Schwangere sich in abhängigen Stellungen befinden, die sie bei der Entdeckung der Schwangerschaft verlassen müssen, ohne im Elternhause Aufnahme zu finden, so wird die Not für diese Mädchen besonders groß. Abgesehen von der Abneigung vieler Schwangeren aus etwas besseren Verhältnissen z. B. von Konfektioneusen, Armenunterstützung in Anspruch zu nehmen, sind manche Armenverwaltungen gar nicht in der Lage, Schwangeren geeignete Unterkunft zu bieten. Nur in wenigen Städten, z. B. Leipzig, sind Häuser vorhanden, in denen Mädchen ihre Niederkunft erwarten und mit dem Kinde unter geregelter Aufsicht und Pflege noch längere Zeit verbleiben können. Andere Städte nehmen Schwangere in die Siechenhäuser bis zur Geburt auf. Die Geburt selbst vollzieht sich dann im Krankenhause, das gewöhnlich nach neun bis elf Tagen wieder verlassen werden muß. Viele schwangere Mädchen fallen daher gewissenlosen Frauen, die ihnen den letzten Sparpfennig abnehmen, zum Opfer und werden schließlich, mit Schulden belastet, mit ihrem Kinde auf die Straße gestoßen. Soziale und hygienische Erwägungen sprechen dafür, auf diesem Gebiete Wandel zu schaffen, und es kann als zweckmäßiges Abhilfemittel am ehesten ein Asyl für Schwangere, in dem Mutter und Kind auch nach der Geburt noch längere Zeit zusammenbleiben können, empfohlen werden.

Fürsorge für Wöchnerinnen.

Dies Zusammenlassen von Mutter und Kind, sei es in einer Anstalt oder in ihrer Wohnung, hat nicht nur den Vorteil, daß es die Mutter sittlich hebt und ihr erst die Liebe zu ihrem Kinde einflößt, sondern auch den, daß die Mutter das Kind selbst nähren und dadurch vor einer Menge Gefahren bewahren kann, denen künstlich ernährte Kinder bekanntlich ausgesetzt sind.

Es gibt dazu durchaus geeignete Wege, die längst in der Praxis begangen werden. In einer Anzahl Städten werden von den Armenverwaltungen bedürftigen Wöchnerinnen sogenannte Wochenpflegerinnen zur Hilfe geschickt, sofern Verwandte oder Freundinnen diesen Dienst nicht übernehmen können. Die Wochenpflegerinnen haben die Aufgabe, die Pflege der Wöchnerin, sowie deren ganzen Haushalt zu versehen und dafür zu sorgen, daß die Wöchnerin nach frühestens 9 bis 11 Tagen das Bett verläßt. Diese Maßregel verfolgt den Zweck, den Unterleibsleiden, die so häufig den Grund zur armenrechtlichen Unterstützung bilden, nach Möglichkeit vorzubeugen. Sofern es sich nicht um armenrechtlich hilfsbedürftige Wöchnerinnen handelt, werden die Wochenpflegerinnen in geeigneten Fällen von einem Wohltätigkeitsverein gestellt.

Obermedizinalrat Dr. Hauser in Karlsruhe, auf dessen beachtenswerten

Vortrag auf dem Kongreß der Zentralstelle für Arbeiter=Wohlfahrts=Einrichtungen von 1899 hiermit hingewiesen wird, tritt dafür ein, daß die Krankenkassen gesetzlich angehalten werden sollten, für Schwangere und Wöchnerinnen zu sorgen. So gut dieser Vorschlag vom hygienischen Gesichtspunkte gemeint ist, werden ihm Viele in dieser Allgemeinheit aus dem Grunde nicht zustimmen, weil ihnen die gesetzlich vorgeschriebene Gewährung des Wochenbettgeldes an uneheliche Mütter als Sanktion unsittlichen Verhaltens erscheinen würde. Immerhin darf aber der Nutzen gesetzlicher Fürsorge um den Weltenbürger, zu dem der Grund einmal gelegt ist, nicht unterschätzt werden. Man könnte Hausers Vorschlag vielleicht dahin einschränken, daß für die Ehefrauen der in Krankenkassen versicherten Männer sowie wenigstens für die selbst versicherten Ehefrauen ein Wochenbettgeld bezahlt würde.

Fürsorge für Säuglinge.

Gestatten die Verhältnisse es nicht, Mutter und Kind zusammenzulassen, so muß schließlich für die Säuglinge allein Fürsorge getroffen werden. Es soll an dieser Stelle auf die ungeheure Sterblichkeit der Säuglinge, die ja genügend bekannt ist, nicht weiter eingegangen werden. Nur soviel sei gesagt, daß man in der Regel auf 100 Säuglinge aus den ärmeren Bevölkerungsschichten 25 Sterbefälle rechnen kann. In Halle a. S. betrug die Sterblichkeit im Jahre 1901 unter allen Kindern der Stadt 29 %, die der Zieh= und Pflegekinder in der Zeit vom 1. April 1901 bis 31. März 1902 17,36 %. An Brechdurchfall sind davon 5,49 % gestorben. Die Hauptursache der hohen Sterblichkeit war der ungemein heiße Sommer des Jahres 1901.

Eine Maßregel, die allen Säuglingen zu gute kommen kann, gleichgültig, ob sie bei der Mutter oder bei fremden Leuten, ob sie ehelich oder unehelich sind, ist die Zuführung guter Kuhmilch an die Säuglinge. In den meisten Fällen wird es sowohl den armen legitimen Eltern wie den Zieheltern schwer, gute Milch zu kaufen. Man hat daher in einigen Städten beschlossen, für bedürftige Säuglinge einwandsfreie Milch einige Pfennige unter dem Marktpreise zu liefern. Von deutschen Städten, in denen seitens der Gemeinde auf diesem Gebiete vorgegangen ist, kommt nur Straßburg i. E. in Frage, auch Halle a. S., wo in diesem Sommer stadtseitig ein Versuch damit gemacht wird. Man rechnet aber darauf, daß im nächsten Jahre ein Verein, eventuell unter städtischer Beihilfe, die Verteilung der sterilisierten Milch übernehmen wird. Die Hoffnung ist begründet. In anderen deutschen Städten haben sich Vereine zu diesem Zwecke gebildet, doch hat diese Fürsorge in Deutschland noch keinen erheblichen Umfang angenommen. In Frankreich und England ist man vereinsseitig viel weiter als in Deutschland vorgegangen. Es gibt in Frankreich mehrere Vereine, z. B. La Goutte de Lait à Fécamp und L'œuvres philanthropiques du Lait, die in den ärmsten Stadtteilen von Paris und anderen Städten Depots unterhalten und sterilisierte Milch an Leute, deren Bedürftigkeit vorher geprüft ist, zu verschiedenen Preisen je nach den Einkommensverhältnissen der Eltern für Säuglinge abgeben. Die zweckmäßige

Verwendung der Milch wird dadurch kontrolliert, daß die Säuglinge in bestimmten Zeitabschnitten in den Depots untersucht und gewogen werden. Die Ausgabe sterilisierter Milch in Flaschen hat zweifellos mannigfache Vorzüge vor der Hingabe der Milch in offenen Gefäßen, weil das Eindringen von Krankheitskeimen im ersteren Falle besser verhütet werden kann.

Aufnahme von Säuglingen in Anstalten.

Viele Kinder finden in Kinderasylen, Kinderheimen, Kinderkrankenhäusern oder Kinderheilstätten längere oder kürzere Zeit Aufnahme. Auf die Findelhäuser, die wegen schwerwiegender volkswirtschaftlicher und hygienischer Bedenken glücklicherweise in Deutschland keinen Eingang gefunden haben, soll hier nicht weiter eingegangen werden. Es mag jedoch dabei erwähnt werden, daß in Lockstedt bei Altona ein Kinderheim, welches bis zu 20 Kinder aufnehmen konnte, eingerichtet war, wegen der großen Sterblichkeit der Kinder aber von den Behörden geschlossen wurde. Neuerdings scheint man in Schöneberg bei Berlin eine Art Findelhaus errichten zu wollen. Nach den bisherigen Nachrichten soll dieses Haus lediglich zur Aufnahme von Säuglingen ohne ihre Mütter dienen. Wir würden es wegen der Gefährdung der Kinder bedauern, wenn die Ausführung in dieser Weise geplant wäre und nicht viel mehr in der, daß man Mutter und Kind zusammen aufnimmt.

Familienpflege.

Außer dieser Aufnahme in dazu geschaffene Häuser bleibt aber für den größten Teil der Kinder die als zweckmäßig anerkannte Unterbringung der Säuglinge in Familien übrig. Man ist wohl allerseits darüber einig, daß über die Säuglinge wie über die älteren Kinder, die bei fremden Leuten untergebracht sind, eine eingehende Aufsicht geübt werden muß; streitig ist nur die Art der Ausübung.

Die verschiedenen Arten der Aufsicht, die es in Deutschland gibt, sind nicht aus den Bedürfnissen der Haltekinder heraus, sondern aus bureaukratischen Erwägungen hervorgegangen. Die Kinder, die jetzt getrennt entweder von der Polizei- oder von der Armenverwaltung resp. dem Gemeindewaisenrat beaufsichtigt werden, entstammen denselben traurigen Verhältnissen. Die Gründe ihrer Unterbringung bei fremden Leuten sind dieselben. Die Behandlung bei diesen ist dieselbe, zum großen Teile sind es sogar dieselben Kinder, die je nach der Zahlungsfähigkeit ihrer Eltern oder unehelichen Mütter, bald der polizeilichen, bald der waisenrätlichen Aufsicht, manchmal sogar beiden zugleich unterstellt sind. Der einzige Unterschied ist eben nur der, daß für die eine Kategorie die Eltern oder Mütter, für die andere die Stadt bezahlt. Daraus hat sich die Anschauung gebildet, der städtische Waisenrat habe mit der ersteren Art nichts zu tun; diese zu beaufsichtigen sei Sache der Polizei, die sich aber wieder um die andere Art Haltekinder nicht zu kümmern habe.

Die Behörden üben nun ihre Aufsicht teils mit weiblichen Hilfskräften, teils ohne solche aus. In vielen Städten sind die weiblichen Hilfskräfte im Ehrenamt tätig, in wenigen sind es Berufs-Waisenpflegerinnen. Es fragt sich nun, welche Art berechtigten Anforderungen genügt.

Gesetze und Ministerialerlasse über das Haltekinderwesen.

Bevor wir auf die in den deutschen Städten zur Beaufsichtigung der Zieh- oder Haltekinder getroffenen Einrichtungen eingehen, wollen wir die zur Regelung des Haltekinderwesens staatlicherseits erlassenen Verordnungen, die ja die rechtliche Grundlage der städtischen Einrichtungen bilden, einer kurzen Betrachtung unterziehen. Die Gesetze und Verordnungen selbst sind im Anhang abgedruckt.

Deutsches Reich.

Für das Deutsche Reich ist ein Gesetz über das Zieh- oder Haltekinderwesen nicht erlassen.

Preußen.

Für Preußen ist noch die alte, einige Jahre außer Kraft gewesene Circularverfügung an sämtliche königliche Oberpräsidenten, die polizeiliche Annahme von Haltekindern betreffend, vom 17. Juni 1840 (Ministerialblatt für die gesamte innere Verwaltung, 1. Jahrgang 1840 Seite 375) maßgebend. Diese Circularverfügung publizierte eine Allerhöchste Kabinetts-Ordre vom 30. Juni 1840, welche zunächst nur für den engeren Polizeibezirk von Berlin erlassen war, jedoch den Minister des Innern und der Polizei ermächtigte, die Kontrolle überall da einzuführen, wo sich künftig ein Bedürfnis dazu zu erkennen geben würde. Dieser Circularverfügung ist ein Immediatbericht des genannten Ministers über die schlimmen Verhältnisse, in denen sich die Haltekinder in Berlin befänden, beigefügt. Die dort angeführten Gründe treffen zum größten Teile auch heute noch zu. Die Kabinetts-Ordre macht die Befugnis zur Annahme von Haltekindern von einer polizeilichen Erlaubnis abhängig und bestimmt als Altersgrenze für die Überwachung der Kinder das vierte Lebensjahr.

Weitere Folge scheint dieser Circularverfügung durch Erlaß von Polizeiverordnungen in den Provinzen oder Regierungsbezirken nicht gegeben zu sein, wenigstens sind derartige Vorschriften aus den Jahren vor 1874 uns nicht bekannt geworden. Im Jahre 1874 erließen die Minister des Innern und der geistlichen rc. Angelegenheiten unter dem 18. Juli 1874 ein Circular an sämtliche Königliche Regierungen und Landdrosteien und an das Königliche Polizeipräsidium in Berlin, die Überwachung der Unterbringung sogenannter Haltekinder betreffend (Ministerialblatt für die gesamte innere Verwaltung von 1874 S. 173), in dem das Bedürfnis, die Behandlung der Haltekinder vom sanitären Standpunkte anderweit zu regeln, anerkannt und ausgeführt wird, daß hierzu ohne Zweifel der Erlaß eines Gesetzes am wirksamsten sein würde, besonders nachdem durch § 1 der Reichsgewerbe-

ordnung, der den Betrieb eines Gewerbes jedermann gestatte, die Kabinetts=
Ordre von 1840 um deswillen außer Kraft gesetzt sei, weil sie die Aufnahme
und das gewerbsmäßige Halten von Kostkindern von einer polizeilichen Er=
laubnis abhängig mache. Es erschiene deshalb nur zulässig, von den Pflege=
eltern die Anzeige von der Aufnahme eines Haltekindes zu verlangen.
Sofern dies im Wege der polizeilichen Verordnung vorgeschrieben würde,
hätten die Polizeibehörden die Möglichkeit, sich davon zu überzeugen, ob
Leben und Gesundheit der Kinder gefährdet sei und ohne Zweifel die Be=
fugnis, die Fortsetzung des Kostverhältnisses zu verhindern, nötigenfalls auch
das Kind zwangsweise abholen und anderweit unterbringen zu lassen. Der
Ministerialerlaß stellt schließlich den Regierungen anheim, entsprechende Ver=
ordnungen zu erlassen, soweit ein Bedürfnis dafür vorhanden sei, macht aber
ausdrücklich darauf aufmerksam, daß die Regierungen sich innerhalb der
durch den Ministerialerlaß vorgezeichneten Grenzen halten sollten.

So gab es zu dieser Zeit keine bindende Vorschrift zur Regelung des
Haltekinderwesens. Wenige Jahre später wurde dem § 6 der Reichs=
gewerbeordnung, welcher die Ausnahmen von den Vorschriften der Reichs=
gewerbeordnung enthält, „die Erziehung von Kindern gegen Entgelt" hinzu=
gefügt und es bestand nun kein Hindernis mehr, wiederum die Aufnahme
von Haltekindern von einer polizeilichen Erlaubnis abhängig zu machen.
Der unter dem 20. März 1896 von den beiden erwähnten Ministerien er=
gangene Runderlaß an die Königlichen Regierungspräsidenten mit Ausnahme
derjenigen der Provinzen Schleswig=Holstein und Westfalen, betreffend die
Überwachung der sogenannten Ziehkinder (Min.Bl. f. d. ges. innere Verw.
S. 67) tut der Erweiterung des § 6 der Reichsgewerbeordnung keine Er=
wähnung, sondern behandelt nur die Altersgrenze für die Überwachung der
Haltekinder, als welche das sechste Lebensjahr für angemessen erachtet ist.

Bayern. Baden.

Im Königreich Bayern und im Großherzogtum Baden wird die Be=
aufsichtigung der Haltekinder durch den Artikel 41 des bayerischen und
§ 48a des badischen Polizei=Strafgesetzbuches geregelt (siehe Anhang).
Danach ist die Annahme von Pflegekindern unter 8 bez. 7 Jahren von der
Bewilligung der Polizeibehörde abhängig gemacht, auch die schlechte Be=
handlung der Kinder unter Strafe gestellt. Die Erlaubnis ist von den zu=
ständigen Polizeibehörden zu erteilen und event. wieder zurückzunehmen.

Württemberg.

Im Königreich Württemberg sind durch die im Anhang abgedruckten
Ministerialerlasse die Oberämter und O.A.=Physikate angewiesen, „ihr
Augenmerk auf die Einwirkung des Inkostgebens kleiner Kinder bei fremden
Personen und die herrschende Kindersterblichkeit zu richten". Alle 3 Jahre,
in Stuttgart alle 6 Jahre, veranstalten die genannten Behörden Visitationen,
auf denen die Ortsvorsteher die im Verein mit den Ortsgeistlichen angelegten
Listen über die in der Gemeinde befindlichen Kostkinder unter 6 Jahren
vorzulegen haben.

Die Annahme von Kostkindern ist von keiner Erlaubnis abhängig gemacht.

Hessen.

Im Großherzogtum Hessen besteht ein Gesetz, den Schutz der in fremde Verpflegung gegebenen Kinder unter 6 Jahren betreffend, vom 10. September 1878 nebst dazu erlassener Instruktion vom 14. Mai 1880 (siehe Anhang). Nach diesen Vorschriften ist die Annahme von fremden Kindern unter 6 Jahren von polizeilicher Erlaubnis abhängig gemacht. Die Vorschrift gilt auch bei unentgeltlicher Inpflegenahme. Die Aufsicht wird in der Weise ausgeübt, daß von den Organen der Polizeibehörde die Hilfe von Frauenvereinen in Anspruch genommen werden kann, und daß stets ein Arzt mit der Überwachung der einzelnen Pflegekinder beauftragt wird. Dieser ist verpflichtet, innerhalb 5 Tagen den Pflegling und die Verhältnisse seiner Verpflegung zu besichtigen. Diese Einsichtnahme hat der Arzt in Zwischenräumen von längstens je 3 Monaten zu wiederholen. Außerdem sind aber die Kreisgesundheitsämter bezw. „delegierten Kreisärzte" beauftragt, in den Gemeinden ihres Kreises die Pflegekinder, von deren Aufnahme sie durch die Ortspolizeibehörde benachrichtigt werden, bei sich bietender Gelegenheit, jedenfalls aber einmal im Laufe des Jahres, bei den Pflegeeltern zu besichtigen. Bei ihren Besuchen haben sie sich die vorgeschriebenen Überwachungsbogen von den Bürgermeistern vorlegen zu lassen und darin ihren Vermerk über das Ergebnis ihrer Untersuchung und etwaige Anträge einzutragen. Alljährlich haben die Kreisärzte einen Jahresbericht über den Stand des Pflegekinderwesens in ihrem Bezirk und ihre Wahrnehmungen in dieser Beziehung, sowie auch über die in ihrem Bezirk üblichen Pflegegeldersätze anzufertigen. Für jedes Haltekind sind die in der Instruktion vorgeschriebenen Frage- und Überwachungsbogen auszufertigen und auf dem laufenden zu erhalten.

Sachsen-Weimar. Sachsen-Altenburg. Schaumburg-Lippe. Lübeck. Hamburg.

Von den übrigen deutschen Staaten sind Verordnungen resp. Gesetze im Großherzogtum Sachsen-Weimar, Herzogtum Sachsen-Altenburg, im Fürstentum Schaumburg-Lippe, in Lübeck und Hamburg erlassen, die sämtlich die Annahme von Haltekindern von obrigkeitlicher Erlaubnis abhängig machen und als Altersgrenze teils das 6. teils das 8. Jahr festsetzen. Die Verordnungen 2c. stehen im Anhange abgedruckt.

Die übrigen Staaten.

Die Staaten Königreich Sachsen, Mecklenburg-Schwerin, Mecklenburg-Strelitz, Oldenburg, Braunschweig, Sachsen-Meiningen, Sachsen-Koburg-Gotha, Anhalt, Schwarzburg-Rudolstadt, Schwarzburg-Sondershausen, Waldeck, Reuß ä. L., Reuß j. L., Lippe und Bremen haben keinerlei Vorschriften zur Regelung des Haltekinderwesens erlassen. Einige wenige Städte der genannten Länder sind auf diesem Gebiete selbständig vorgegangen.

Polizeiverordnungen der Ober= und Regierungspräsidenten.

Kehren wir nun nach Preußen zurück, so finden wir, daß vom Jahre 1876 an die Ober= oder Regierungspräsidenten Polizeiverordnungen, betreffend das Halten von Ziehkindern erlassen haben. Im Anhang sind nur wenige Verordnungen abgedruckt, da sie alle einander sehr ähnlich sind. Sie machen sämtlich die Aufnahme von noch nicht 6 Jahre alten Kindern von der polizeilichen Erlaubnis abhängig. Dieselbe wird auf Widerruf erteilt und kann zurückgenommen werden; bei einem Wohnungswechsel muß sie erneuert werden; der Umzug oder der Tod der Haltekinder unterliegt der Anmeldepflicht. Den Beamten der Polizeiverwaltung, sowie den von derselben beauftragten Personen ist der Zutritt zu den Wohnungen der Pflegeeltern zu gestatten, auf alle die Pflegekinder betreffende Fragen ist Auskunft zu erteilen, auch das Kind auf Erfordern vorzuzeigen. Die preußischen Polizeiverordnungen dehnen ihre Rechtskraft meistens auf diejenigen Kinder nicht aus, für welche die Fürsorge der öffentlichen Armenpflege oder staatlich genehmigter Wohltätigkeitsvereine eintritt. Eine Anzahl derselben ermächtigen die Ortspolizeibehörden, auch diejenigen Personen von den Vorschriften der Verordnung zu entbinden, welche ohne Verfolgung von Erwerbszwecken im Auftrage eines Angehörigen (vergl. § 52 des R.Str.G.B.) oder des Vormundes die Fürsorge für ein Kind übernommen haben. Die Verordnung für die Provinz Schlesien vom 10. Februar 1881 gibt den Wohltätigkeitsvereinen diese Freiheiten nicht, gestattet vielmehr nur, daß die sonst von den Pflegeeltern erforderte Einholung der polizeilichen Erlaubnis von den Organen dieser Vereine eingeholt, auch die An= und Abmeldung der Kinder durch diese Organe bewirkt werden kann.

Die meisten Polizeiverordnungen begnügen sich damit, vorzuschreiben, daß den Beamten der Polizeiverwaltung und den von derselben beauftragten Personen Zutritt zur Wohnung zu gestatten und Auskunft zu erteilen sei. Eine — die für den Reg.=Bez. Schleswig — geht darin weiter und schreibt vor, daß den Organen der Polizei und der Armenpflege, dem Kreisphysikus, den Mitgliedern des Gemeindevorstandes, den kommunalen und polizeilichen Aufsichtsbeamten, den Waisenräten und den Vormündern, sowie sonstigen von der Ortspolizeibehörde beauftragten, mit einer Legitimation versehenen Personen von den Kostgebern der Zutritt zu ihren Wohnungen zu gestatten und auf alle die Pflegekinder betreffende Fragen wahrheitsgetreue Auskunft zu erteilen, auch ihren Ratschlägen und Anordnungen über die Behandlung und Erziehung der Kinder Folge zu leisten sei.

Alle Polizeiverordnungen behandeln aber die Hauptsache, nämlich die Besichtigung der Kinder selbst als Nebensache, denn sie schreiben nur vor, daß „auf Erfordern" oder „auf ausdrückliches Erfordern" die Kinder vorzuzeigen sind.

In den übrigen deutschen Bundesstaaten, die Gesetze oder ministerielle Vorschriften über das Halten von Ziehkindern besitzen, erübrigten sich besondere Polizeiverordnungen für größere Verwaltungsbezirke meist, dagegen sind verschiedentlich ortspolizeiliche Vorschriften erlassen, von denen einige dem Anhang beigefügt sind.

Veranstaltungen von Ortspolizeibehörden und städtischen Armenverwaltungen auf dem Gebiete des Zieh= oder Haltekinderwesens.

Die Aufsicht über die Haltekinder wird, wie wir oben gesehen haben, in den meisten deutschen Städten getrennt von der Polizeiverwaltung und der Armenverwaltung oder dem Gemeindewaisenrat geführt.

In den weitaus meisten Städten bedienen sich die Polizeiverwaltungen dazu des Polizeisergeanten als einzigen Beurteilers rationeller Verpflegung des verwaisten Säuglings, die Armenverwaltungen der männlichen Organe der Armenpflege.

Die Erkenntnis, daß beide Arten von Kontrollen völlig unzureichend sind, hat einige Behörden in größeren Städten bewogen, bessere Organisationen zur Beaufsichtigung der ihnen unterstellten Haltekinder zu treffen.

Zur Beleuchtung der dort eingeführten Veranstaltungen sei es gestattet, einige typische Beispiele anzuführen. (Auf eine Anzahl Statuten und Anweisungen im Anhang wird hierdurch hingewiesen.)

1. Berlin.

a. **Polizeipräsidium.** Die Aufsicht über die Haltekinder wurde früher durch die Polizeireviere und dann allein durch den ärztlichen Leiter des Haltekinderwesens ausgeübt. Um eine häufigere Kontrolle der Pflegestellen zu ermöglichen, sind seit Dezember 1901 auf Anordnung des Herrn Ministers des Innern 10 den besseren Ständen angehörige, in der Kinderstation der Königlichen Charité besonders ausgebildete Damen, die ihrerseits der Kontrolle des Haltekinderarztes unterstehen, gegen ein Jahresgehalt von 500 Mark auf Grund von Dienstverträgen (§§ 611 ff. B.B.G.) und nach Ableistung des Staatsdienereides mit der Aufsicht über die Haltefrauen betraut worden. Diese Aufsichtsdamen haben diejenigen Haltefrauen, die Säuglinge in Pflege haben, alle 14 Tage, die übrigen alle Monate einmal zu besuchen und, wenn sie Mißstände vorfinden, die sie nicht selbst abstellen können, darüber an die vorgesetzte Abteilung zu berichten. Jeder ist ein bestimmter Bezirk Berlins zur alleinigen Kontrolle überwiesen. Die Zahl der Pflegestellen jedes Bezirks schwankt zwischen 150 und 225. Die Aufsicht wird nur bis zum vierten Jahre ausgeübt. Die Regelung des Berliner Haltekinderwesens ist jedoch noch nicht abgeschlossen.

Diese Einrichtung bezieht sich nur auf den Stadtbezirk Berlin. Für die übrigen Teile des Landespolizeibezirks Berlin: Charlottenburg, Schöneberg und Rixdorf gilt für das Haltekinderwesen die Oberpräsidialverordnung vom 29. Mai 1882, welche die Aufsicht bis zum 6. Lebensjahre ausdehnt. Besoldete Aufsichtsdamen sind in den genannten Städten nicht vorhanden.

b. **Gemeindewaisenrat.** Dem Gemeindewaisenrat von Berlin liegt die Beaufsichtigung der in Berlin bei fremden Leuten untergebrachten Waisenkinder hinsichtlich deren Pflege und Erziehung, sowie die Auszahlung des Kostgeldes an die Pflegeeltern ob. Soweit zum Gemeindewaisenrat Waisenpflegerinnen gehören, beaufsichtigen diese die sämtlichen Waisenmädchen und =Knaben bis zu deren Einschulung. Die Aufsicht über die schulpflichtigen Knaben führen nur die männlichen Mitglieder des Waisenrats.

2. Breslau.

a. **Polizeipräsidium.** Dem Polizeipräsidium zur Seite und unter seiner besonderen Aufsicht steht der Aufsichtsverein für Kostkinder in Breslau, welcher sich die Aufgabe gestellt hat, für möglichst gute Pflege derjenigen Kinder unter 4 Jahren zu sorgen, welche im Stadtbezirk bei Nichtangehörigen in Kost gegeben sind. Eine weitere Aufsicht wird von Polizei wegen nicht geführt.

b. **Die städtische Armenverwaltung** hat für die auf städtische Kosten untergebrachten Kinder unter 4 Jahren mit demselben Verein ein Abkommen getroffen. Zur Beaufsichtigung der über 4 Jahre alten Kinder bedient sich die Armendirektion der Mitwirkung der Damen des Breslauer Armenpflegerinnenvereins, neben der Kontrolle durch die Organe der Armen- und Waisenverwaltung. Außerdem ist ein Ortsstatut, betreffend die Bevormundung öffentlich unterstützter Minderjähriger durch Beamte der Armenverwaltung erlassen, auf Grund dessen der Generalvormund eine Kontrolle über die ihm unterstellten, auf Stadtmittel untergebrachten Kinder durch öfter angeordnete ärztliche Untersuchungen, Einforderung von Berichten und Einsichtnahme der Schulzeugnisse ausübt.

Für die städtischen über vier Jahre alten Haltekinder besteht sonach eine doppelte Kontrolle, für die polizeilichen über vier Jahre gar keine, resp. nur die durch die männlichen Organe des Gemeindewaisenrats (B.G.B.)

3. Frankfurt a. M.

a. **Polizeipräsidium.** Der Polizeiverwaltung steht ein Ausschuß von Delegierten verschiedener Wohltätigkeits-Frauenvereine zur Seite. Die Tätigkeit dieser Damen ist eine ehrenamtliche.

b. **Armenverwaltung.** Die Aufsicht wird durch die männlichen Organe der städtischen Armenverwaltung bezw. des Gemeindewaisenrats und den Stadtaccoucheur geführt.

4. Elberfeld.

Die Aufsicht anscheinend über sämtliche Haltekinder übt der Zentralwaisenrat aus, der von der Polizeiverwaltung die Namen und Wohnungen der Haltekinder übermittelt erhält und diese Mitteilungen dem Elberfelder Frauenverein weitergibt. Letzterer hat die Aufsicht im verflossenen Jahre über 156 Kinder ausgeübt und eine zweimalige Besichtigung der Kinder durch den Arzt herbeigeführt.

5. Hannover.

a. **Polizeipräsidium.** Die Polizeiverwaltung übt die Aufsicht über ihre Haltekinder durch Frauen im Ehrenamt aus, die in den betreffenden Polizeirevieren sich dazu erboten haben. Im Bedarfsfalle wird ein Arzt herbeigeholt.

b. **Armenverwaltung.** Der Gemeindewaisenrat führt auf Grund des Art. 78 Preuß. A.G. zum B.G.B. mit Hilfe des „Vereins zur Beaufsichtigung des Pflege- und Kostkinderwesens in Hannover und Linden" die Aufsicht über sämtliche bei fremden Leuten untergebrachte Kinder, also auch über die polizeilichen, aus. Letztere werden daher doppelt beaufsichtigt.

6. Kiel.

In Kiel hat eine Vereinigung der Beaufsichtigung über die sogen. polizeilichen und städtischen Ziehkinder stattgefunden. Alle bei fremden Leuten untergebrachten Kinder sind von den Pflegeeltern sofort nach der Annahme polizeilich anzumelden und nach Erteilung der polizeilichen Erlaubnis in der medizinischen Poliklinik vorzustellen. Außerdem sind die Ziehkinder, deren Familiennamen mit den Buchstaben A bis L beginnen, an jedem ersten Mittwoch im Monat, die übrigen an jedem zweiten Mittwoch daselbst dem Arzte zu präsentieren. Können Kinder wegen Krankheit nicht vorgestellt werden, so haben die Pflegeeltern bei Vermeidung der dauernden Entziehung des Erlaubnisscheines die Pflicht, hiervon dem Direktor der medizinischen Poliklinik mündlich oder schriftlich Nachricht zu geben, damit die Kinder im Hause besucht werden können.

Dies Verfahren berücksichtigt also die Gebrechen der Ziehkinder.

7. Posen.

Die Kontrolle über die polizeilichen und städtischen Haltekinder ist eine einheitliche und untersteht allein dem Gemeindewaisenrat. Ihm zur Seite stehen waisenrätliche Helferinnen im Ehrenamt und zwar für jeden der 16 Armenbezirke eine mit einer Vertreterin. Außerdem ist ein Ziehkinderarzt angestellt. Dieser hat jede neue Pflegestelle innerhalb 8 Tagen zu besichtigen, die Ziehkinder im ersten und zweiten Lebensjahre alle drei Monate und vom vollendeten zweiten Lebensjahre ab alle sechs Monate im Rathause zu untersuchen und zu wiegen. Ergibt sich bei diesen Untersuchungen, daß ein Ziehkind in seiner Entwicklung zurückbleibt, so hat es der Ziehkinderarzt in der Pflegestelle öfter aufzusuchen, auch hat er dem Ersuchen der zuständigen Helferin um Untersuchung eines Ziehkindes, Besichtigung einer Pflegestelle oder Äußerung über den Gesundheitszustand eines Kindes zu entsprechen. Er behandelt erkrankte Kinder nicht selbst, sondern überweist sie dem Armenarzt oder Krankenhause. Nur wenn Gefahr im Verzuge ist, hat er sich der ersten ärztlichen Behandlung zu unterziehen.

8. Charlottenburg.

Auf Grund eines Abkommens zwischen der Königl. Polizeiverwaltung und der Stadt werden alle Ziehkinder durch die Stadtarmenärzte und den durch ehrenamtliche Waisenpflegerinnen verstärkten Gemeindewaisenrat beaufsichtigt.

9. Hamburg.

Die polizeilichen Haltekinder werden von Damen, die im Ehrenamt tätig sind, zusammen mit den Polizeioffizianten kontrolliert. Die auf öffentliche Kosten untergebrachten Haltekinder werden durch die Organe der städtischen Armenpflege, in der auch Damen ehrenamtlich tätig sind, beaufsichtigt.

10. Stuttgart.

Die polizeilichen Haltekinder unterliegen so gut wie keiner Beaufsichtigung, wie aus den im Anhang abgedruckten Ministerialerlassen ersichtlich ist.

Für die Beaufsichtigung der auf Kosten der Armenverwaltung untergebrachten Kinder sind besoldete städtische Armenpfleger (2 Armenpfleger und 1 Armenpflegerin) angestellt, die jedes Kind alljährlich mindestens einmal besuchen müssen. Außerdem ist ein Abkommen mit dem „Württembergischen Frauenverein" getroffen, nach welchem dieser nicht nur die in Familienpflege, sondern auch die in Anstalten auf Kosten des Armenverbandes untergebrachten Kinder durch seine Mitglieder beaufsichtigen läßt.

11. Mannheim.

Das Polizeibezirksamt Mannheim hat die Kontrolle der polizeilichen Haltekinder unter Zustimmung des Ministeriums der städtischen Armenkommission übertragen. Die Kontrolle wird durch Frauenvereine geübt. Die Kontrolle über polizeiliche und städtische Haltekinder ist also eine einheitliche.

12. Mainz.

In Mainz werden die polizeilichen Haltekinder gemäß dem oben angeführten hessischen Gesetz vom 10. September 1878 und der Instruktion vom 14. Mai 1880 durch die Organe der polizeilichen Verwaltung und einen Arzt beaufsichtigt.

Für die auf Stadtkosten in Familienpflege untergebrachten Haltekinder sorgt der städtische Erziehungsbeirat, der aus dem Dirigenten der Armenverwaltung als Vorsitzenden und 6 Mitgliedern besteht, sich jedoch durch Zuziehung von Geistlichen, Lehrern, Ärzten, Frauen u. s. w. verstärken kann.

13. Lübeck.

Der Polizei zur Seite stehen sogen. Schutzfrauen, die dem Polizeiamt halbjährlich Bericht über den Zustand der Haltekinder erstatten.

Einige Städte haben eine andere Organisation als die obenbeschriebenen für die Beaufsichtigung der Haltekinder eingeführt.

14. Danzig.

Zu denen, die in jüngster Zeit auf diesem Gebiete bessernd vorgegangen sind, gehört Danzig. Hier werden jetzt alle Haltekinder, sowohl die polizeilichen, wie die von der Stadt unterhaltenen durch einen Ziehkinderarzt und **besoldete Waisenpflegerinnen** in ihren Wohnungen, wie in monatlichen Vorstellungen vor dem Arzte kontrolliert. Jedes Kind im ersten Lebensjahre wird monatlich einmal, im zweiten Lebensjahre alle 3 Monate dem Arzte vorgestellt und vorher gewogen. Die Waisenpflegerinnen sind bei der Vorstellung anwesend. Über das zweite Lebensjahr hinaus wird die Kontrolle jedoch nicht geführt.

15. Dresden.

Eine gleiche Kontrolle durch Ziehkinderarzt und besoldete Pflegerinnen hat die Stadt Dresden schon seit längerer Zeit. Die Kinder werden bis zum 4. Lebensjahre kontrolliert, von da ab unterstehen sie bis zum 14. Lebensjahre der Aufsicht des Albertvereins, eines gut organisierten Frauenvereins.

16. Leipzig.

In Leipzig, der Stadt, welche zuerst auf diesem Gebiete bahnbrechend vorgegangen ist, wurden früher nur alle unehelichen Kinder beaufsichtigt, seit 1901 dagegen ist die Kontrolle auf alle bei fremden Leuten untergebrachten Kinder bis zu deren 14. Lebensjahr ausgedehnt worden[1].

17. Halle a. S.

Halle a. S. hat die Art der Beaufsichtigung von Leipzig übernommen und dieselbe sowohl über die früher polizeilich kontrollierten, wie über die auf städtische Kosten untergebrachten Haltekinder seit dem 1. April 1900 einheitlich gestaltet.

Vor dieser Zeit wurden die sogen. polizeilichen Haltekinder nur von den Polizeisergeanten, die von der Armendirektion untergebrachten von einem Frauenverein beaufsichtigt. Letzterer verwendete neben seinen Vereinsdamen eine Gehilfin, welcher die Stadt eine geringe Geldentschädigung zahlte und übte eine Aufsicht, wie sie heute noch von den Frauenvereinen in anderen Städten geübt wird, nämlich in der Hauptsache über die Umgebung des Kindes, nicht aber über dessen körperliche Gebrechen.

Die alleinige Aufsichtsinstanz über alle in Halle a. S. vorhandenen Haltekinder ist seit 1900 der Vorsitzende der Armendirektion, der auch Vorsitzender des Gemeindewaisenrates ist.

Die polizeilichen Haltekinder, die nach der Polizeiverordnung des Oberpräsidenten der Provinz Sachsen, betr. das Halten der sogen. Kost- und Ziehkinder, vom 17. Dezember 1880, von der Polizei kontrolliert werden müssen, wurden ihm dadurch unterstellt, daß ihm der Oberbürgermeister als Chef der städtischen Polizei das Polizeidezernat über das Ziehkinderwesen übertrug.

Für Städte mit königlicher Polizeiverwaltung läßt sich diese einfache Form nicht wählen, es wird aber weiter unten auf die Regelung der Frage eingegangen werden.

Für die Ausübung der Beaufsichtigung der gesamten — rund 500 — Ziehkinder wurden ein Ziehkinderarzt und vier besoldete Waisenpflegerinnen angestellt; dazu kam ein Bureaubeamter, der außerdem die Waisenratsangelegenheiten zu bearbeiten hat. — Dies ist der ganze Apparat für das Ziehkinderwesen. Der Ziehkinderarzt und die Waisenpflegerinnen erhalten eine Legitimation. Über die Ausdehnung der Aufgaben der besoldeten Waisenpflegerinnen auf das Gebiet der Armen- und Waisenpflege siehe unter „Kosten der Beaufsichtigung".

Die Vorschriften nun, welche die vier vorgenannten Städte für die Beaufsichtigung der Haltekinder erlassen haben,

---

[1] Hierbei sei auf die verdienstvollen Schriften des Leipziger Ziehkinderarztes Dr. med. Taube über das Ziehkinderwesen hingewiesen.

stimmen bis auf die oben angeführten Unterschiede in allen wesentlichen Punkten überein. Bei der Bedeutung derselben sollen sie nicht in der knappen Form der Anweisung im Anhang wiedergegeben, sondern mit Bemerkungen und Erläuterungen versehen, hier folgen:

Die Aufgaben des Ziehkinderarztes und der besoldeten Waisenpflegerinnen.

A. Ziehkinderarzt.

Der Ziehkinderarzt hält allwöchentlich Sprechstunde zur Vorstellung derjenigen Kinder ab, die der Aufsicht neu unterworfen, oder von den besoldeten Waisenpflegerinnen wegen irgend welcher Anstände bestellt sind. Er behandelt die Kinder nicht selbst, sondern überweist sie dem Krankenhause oder Spezialarzte zur Behandlung; er instruiert die Waisenpflegerinnen und Ziehmütter und verordnet Stärkungsmittel.

Halbjährlich untersucht er alle der Aufsicht unterstehenden Kinder, die in Gruppen von 50—60 hintereinander bestellt werden und ordnet deren Erscheinen in der Wochensprechstunde an, wenn sich bei der Generaluntersuchung eine diffizile ärztliche Untersuchung als notwendig erweist.

Nähere Angaben über Hallesche Ziehkinderverhältnisse finden sich in dem im Anhang abgedruckten Aufsatz des Ziehkinderarztes der Stadt Halle a. S., Prof. Dr. Reineboth, auf dessen Tabelle über die Gewichte der Halleschen Ziehkinder in den ersten 11 Lebensmonaten besonders hingewiesen wird. Es ist dies unseres Wissens die erste Tabelle, auf der Wägungen von künstlich ernährten Ziehkindern zur Darstellung gelangen.

B. Besoldete Waisenpflegerinnen.

1. Mitteilung über ein neues Ziehkind.

Die Waisenpflegerin erhält von jedem in ihrem Bezirke wohnenden Ziehkinde Mitteilung von der „Geschäftsstelle für die Beaufsichtigung der Ziehkinder" durch ein Formular, in dem Name und Geburtstag des Kindes, sowie Name und Wohnung der Zieheltern verzeichnet sind, mit dem Auftrage, innerhalb 8 Tagen über die Wohnungsbeschaffenheit, den Gesundheitszustand des Kindes, sowie über Betten, Wäsche und Nahrung desselben Bericht zu erstatten.

2. Überweisung eines Kindes in die Kontrolle der Pflegerin.

Ist den Zieheltern auf Grund des Berichts der Pflegerin über Behandlung, Reinlichkeit 2c. und der inzwischen von der Geschäftsstelle bei der Polizeiverwaltung eingezogenen Erkundigung über den Leumund der Pflegeeltern die Erlaubnis zum Halten des Ziehkindes erteilt worden, so erhält die Waisenpflegerin das Kontrollbuch und den Kontrollbogen über das

B. Besoldete Waisenpflegerinnen.

Kind und händigt ersteres der Ziehmutter zugleich mit einer Vorladung für das Kind zur nächsten ärztlichen Wochenvorstellung aus.

3. Wochenvorstellung (Sprechstunde).

Bei der Wochenvorstellung vor dem Ziehkinderarzt hat die Waisenpflegerin die aus ihrem Bezirk anwesenden Kinder, nachdem sie die bis zu 2 Jahre alten gewogen und das Gewicht in das Kontrollbuch eingetragen hat, dem Ziehkinderarzt vorzustellen und ihm über den Zustand des Kindes und sonstige wissenswerte Verhältnisse Bericht zu erstatten, damit bei nicht ausreichender Ernährung event. Milch oder andere Stärkungsmittel bewilligt werden. Bei städtischen Ziehkindern werden die Kosten dafür aus allgemeinen städtischen Mitteln, bei polizeilichen in Leipzig, Dresden, Halle a. S. aus einem Legat bestritten. Eine Anzahl Stärkungsmittel und Medikamente werden stets vorrätig gehalten und den Ziehmüttern für die Kinder nach Bedarf sofort mitgegeben. Diejenigen Waisenpflegerinnen, welche nicht mit dem Wiegen der Kinder aus ihrem Bezirk beschäftigt sind, haben der Untersuchung und den Anordnungen, Belehrungen und Demonstrationen des Ziehkinderarztes mit größter Aufmerksamkeit zu folgen. Der Arzt weist bei diesen Untersuchungen auf Gebrechen und Krankheiten der Kinder hin und gibt hierbei wie nach Beendigung jeder Wochenvorstellung den Waisenpflegerinnen Verhaltungsmaßregeln. Gerade hierin liegt die wesentlichste Garantie für eine sorgsame und zweckmäßige Ausbildung der Waisenpflegerinnen zur Erkennung und Verhütung von Krankheiten.

Nach der Instruktion durch den Arzt folgt eine Besprechung der Waisenpflegerinnen untereinander über die Behandlung einzelner Fälle und Aufklärung der neu eingeführten durch die älteren Waisenpflegerinnen.

Auch die Ziehmütter haben der Untersuchung ihrer Ziehkinder beizuwohnen, und während auf der einen Seite des Arztes die Waisenpflegerin, auf der anderen die Ziehmutter steht, die Fragen des Ziehkinderarztes zu beantworten. Dabei werden sie nach der Nahrung des Kindes und der Art gefragt, wie sie die Milch, die Gries-, Mehl- und Hafersuppe ꝛc. bereiten und erhalten Anweisungen für die weitere Ernährung des Kindes. An der bisherigen Ernährungsweise, mag sie selbst etwas ungewöhnlich sein, wird nichts geändert, wenn das Kind bei ihr gedeiht.

Ordnet der Ziehkinderarzt bei Erkrankung des Kindes die spezialärztliche[1] Behandlung desselben an, so wird sofort von dem bei der Untersuchung stets anwesenden Büreaubeamten eine entsprechende Anweisung ausgefertigt und durch die Waisenpflegerin der Ziehmutter mit dem Auftrage übergeben, am andern Morgen das Kind in die vorgeschriebene Behandlung nehmen zu lassen. Die Waisenpflegerin hat sich davon zu überzeugen, daß dies geschehen ist und das Kind, solange es krank ist, so oft zu besuchen, als es der Zustand desselben nötig erscheinen läßt. Das Blatt mit

---

[1] Alle bisher darum ersuchten Spezialärzte haben sich in Halle a. S. zur kostenlosen Behandlung dieser Kinder bereit erklärt; allerdings kommen dort in erster Linie die Kliniken in Frage.

der Anweisung, auf dem von seiten des behandelnden Arztes ein Vermerk über die Diagnose 2c. gemacht wird, hat sie von der Ziehmutter wieder einzufordern und bei der nächsten Wochenvorstellung dem Ziehkinderarzt zurückzugeben, wobei sie diesem zugleich über das Befinden des Kindes Mitteilung macht. Wird vom Ziehkinderarzt eine nochmalige Vorstellung des Kindes nach einem bestimmten Zeitraum von 1—4 Wochen angeordnet, so hat die Pflegerin darauf zu achten, daß das Kind zur bestimmten Zeit wieder zur Untersuchung kommt.

4. Beaufsichtigung der Kinder in der Pflegestelle.

Die Waisenpflegerinnen haben die ihnen überwiesenen Kinder alle 3 Wochen einmal zu besuchen, die unter 1 Jahr alten körperlich zu besichtigen und sich zu überzeugen, wie die Kinder genährt, gebettet, gewaschen, gekleidet und in welcher Weise sie sonst behandelt werden. Dazu gehört namentlich die Kontrolle über die Sauberkeit der Sauger und Saugflaschen, über die Reinheit der Milchkochtöpfe, die Anweisung über Abkochen der Milch, Mischung mit Wasser und anderen Zutaten u. s. w. Sie haben ferner die gehörige Lüftung des Schlaf- und Wohnraumes und zu geeigneten Zeiten das Austragen der Kinder ins Freie zu veranlassen.

Dabei haben sie den Pflegeeltern stets mit Freundlichkeit zu begegnen und Rücksicht auf die Verhältnisse, in denen die Leute leben, zu nehmen. Wünschenswerte Verbesserungen sind nach und nach einzuführen, damit die Pflegeeltern sich von dem Nutzen derselben überzeugen und sie später ganz von selbst beibehalten.

Zieheltern, welche trotzdem den Anweisungen Hindernisse in den Weg legen, was in Halle in den 2 Jahren seit Einführung dieser Kontrolle noch nicht vorgekommen ist, sind auf die in der Anweisung für die Zieheltern angedrohten Strafen zu verweisen und falls sie auch dann den Anweisungen der Waisenpflegerinnen nicht sachgemäße Folge leisten, dem Vorsitzenden der Armenverwaltung und dem Ziehkinderarzte als unfolgsam zu benennen.

Die Pflegerinnen dürfen sich durch ansteckende Krankheiten, welche in der betreffenden Wohnung oder dem betreffenden Hause herrschen, von dem Besuch der Kinder nicht abhalten lassen, müssen aber bei ferneren Besuchen die nötige Vorsicht durch Umkleiden u. s. w. beobachten.

Über ihre Wahrnehmungen bei den Besuchen, namentlich über vorgefundene Übelstände, Ordnungswidrigkeiten, erkrankte oder nicht mehr vorgefundene Ziehkinder haben sie der Geschäftsstelle und dem Arzte allwöchentlich, dringenden Falls aber sofort Mitteilung zu machen, ebenso wenn ihnen bekannt wird, daß in ihrem Revier ein noch nicht der Beaufsichtigung unterstelltes Kind sich befindet.

Kranken Kindern haben sie ihre besondere Aufmerksamkeit zu widmen und das Kind bei der nächsten Wochenvorstellung vorzustellen, falls es transportfähig ist. Befindet sich das Kind in privatärztlicher Behandlung, so hat die Waisenpflegerin darauf zu sehen, daß den Anordnungen dieses Arztes Folge geleistet wird. Dem Ziehkinderarzte ist hierüber Mitteilung zu machen. Derselbe mischt sich natürlich in die Behandlung des Kindes durch einen anderen Arzt nicht ein.

Für die Bekämpfung **des Brechdurchfalles** sind die Waisenpflegerinnen in Halle a. S. mit besonderen Vollmachten ausgerüstet. Da sie hinreichend geschult sind, um die Anzeichen des Brechdurchfalles zu erkennen, treffen sie sofort die ersten notwendigen Anordnungen, wie Aussetzen der Ernährung mit Milch u. s. w., dann aber sind ihnen eine Anzahl Anweisungen ausgehändigt, um sofortige ärztliche Behandlung des Kindes event. seine Aufnahme ins Krankenhaus herbeizuführen. Diese Maßregeln werden in Halle a. S. auch bei den im elterlichen Hause befindlichen und der Armenpflege anheimgefallenen Kindern angewandt.

Da bei neugeborenen unehelichen Kindern **die Syphilis** ziemlich oft auftritt, so werden die Waisenpflegerinnen auch in der Erkennung dieser Krankheit besonders instruiert und verpflichtet, dem Ziehkinderarzte sofort Mitteilung zu machen, wenn sie Verdacht auf Syphilis haben. Vom Arzte werden dann die weiteren Maßregeln angeordnet. Es ist in Halle a. S. und jedenfalls auch anderswo vorgekommen, daß Zieheltern von syphilitischen Ziehkindern angesteckt sind.

Ferner wird in Halle a. S. **der Buckelbesichtigung** der Säuglinge die größte Aufmerksamkeit gewidmet, denn es hat sich schon im ersten Jahre der intensiven Kontrolle herausgestellt, daß Buckel bei den oft erblich belasteten und schwächlichen Ziehkindern ungemein häufig sind. Die bes. Waisenpflegerinnen haben jedes unter 1 Jahr alte Kind, das sie besuchen, daraufhin besonders zu besichtigen und nötigen Falls dem Arzt in der nächsten Sprechstunde vorzustellen.

Jeden Besuch haben die Waisenpflegerinnen in dem den Zieheltern übergebenen Kontrollbuche unter Angabe des Tages zu vermerken und den Befund in dem über die Ziehkinder zu führenden Kontrollbogen unter Angabe des Besuchstages einzutragen.

Die Waisenpflegerin darf sich mit den Zieheltern nie über andere Zieheltern oder -kinder unterhalten. Werden ihr Verdächtigungen über andere Zieheltern zugetragen, so hat sie sie anzuhören, ohne sich näher in ein Gespräch darüber einzulassen und sich von der Begründetheit der Mitteilungen entweder selbst zu überzeugen, oder, wenn sie nicht zuständig ist, dem Ziehkinderarzt und der Armenverwaltung Mitteilung zu machen.

Jede Waisenpflegerin kommt in Halle a. S. einen um den andern Tag auf das Armenbureau, um mündlich ihre Mitteilungen zu machen und Aufträge entgegenzunehmen. Neben besserer Aufklärung hat dieser unmittelbare Verkehr die wohltätige Folge, daß das Schreibwerk auf ein Minimum vermindert wird.

5. **Wohnungswechsel der Ziehkinder innerhalb der Stadt.**

Verzieht eine Ziehmutter, so hat sie unter Einreichung des Kontrollbuches die Erlaubnis zum Halten des Ziehkindes für die neue Wohnung nachzusuchen. Die Waisenpflegerin übergibt den Kontrollbogen mit entsprechendem Vermerk der Geschäftsstelle, durch welche die nunmehr zuständige

Waisenpflegerin zur Einreichung eines Berichtes wie unter 1 veranlaßt wird. Je nach dessen Ausfall wird dann die Genehmigung erteilt oder versagt.

6. Ableben eines Ziehkindes.

Beim Ableben eines Ziehkindes hat die Waisenpflegerin einen Bericht nach Formular einzureichen und die darin gestellten Fragen über die Todesursache, von welchem Arzte das Kind behandelt worden ist, ob es schwach oder kräftig war, ob die Wohnung und die Ziehmutter gut oder schlecht war, zu beantworten und etwaige Bemerkungen, die auf den Tod des Kindes Bezug haben, anzufügen. Event. wird die Sektion des Kindes, auch zwangsweise, herbeigeführt, stets in den Fällen, wo keine ärztliche Behandlung stattfand.

7. Entlassung eines Ziehkindes aus der Kontrolle.

Wird ein Kind aus der Kontrolle entlassen, was bei polizeilichen Ziehkindern formell mit dem sechsten, bei städtischen mit dem vierzehnten Lebensjahre geschieht, wenn nicht andere Gründe — Adoption, Rückkehr zu den Eltern u. s. w. — eine frühere Entlassung herbeiführen, so hat die Waisenpflegerin den Kontrollbogen mit einem Vermerk über den Grund der Entlassung der Geschäftsstelle zurückzugeben. Kommen noch nicht 6 Jahre alte Kinder zu ihrer Mutter zurück, so hat sie zu erforschen, ob das Kind dauernd bei der Mutter verbleiben soll, oder ob beabsichtigt wird, dasselbe alsbald anderen Zieheltern zu übergeben, damit von der Geschäftsstelle das Kind im Auge behalten wird.

8. Besuche bei den von den Standesämtern angemeldeten Neugeborenen.

Die von den Königlichen Standesämtern in Halle a. S. der Geschäftsstelle am 1. und 15. eines jeden Monats zugehenden Nachweisungen über die neugeborenen außerehelichen Kinder werden, nachdem von der Polizeiverwaltung festgestellt ist, ob sich die Kinder bei der Mutter oder in fremder Pflege befinden, den Waisenpflegerinnen übermittelt, um die Kinder zu besuchen und zu berichten, wie dieselben gehalten werden, ob Mutter, Großeltern oder der natürliche Vater für sie sorgen, oder ob letzterer verklagt und die Bestellung eines Vormundes beschleunigt werden muß, oder ob die Not in der Familie so groß ist, daß die öffentliche Fürsorge einzutreten hat. Auf Grund dieser Berichte wird dann von der Geschäftsstelle das Weitere veranlaßt.

9. Verschleierung der Haltekinder-Eigenschaft.

Öfter versuchen Ziehmütter, sich der behördlichen Aufsicht dadurch zu entziehen, daß sie angeben, sie hätten das Kind ohne Entschädigung zu sich genommen.

Bei genauer Prüfung ergibt sich nicht selten, daß eine einmalige geringe Abfindungssumme gezahlt oder zugesichert ist; in solchen Fällen ist die Gefahr für das Kind, schlecht behandelt zu werden, besonders groß, weil die Ziehmutter nach Verbrauch des Geldes den Wunsch haben wird, den Säugling los zu werden. Meistens stellt sich aber heraus, daß mit den Eltern oder der unehelichen Mutter die Lieferung von Kleidung, oder die Hergabe „gelegentlicher Geschenke" verabredet ist.

Derartige einmalige Abfindungen und Abmachungen werden in Halle dauernden Zahlungen gleich erachtet und die Kinder der Aufsicht unterstellt. Falls die Untersuchung keine Anhaltspunkte für entgeltliche Pflege ergibt, so wird, um der Behörde die Garantie zu verschaffen, daß bei unentgeltlicher Aufnahme des Kindes lautere Motive obwalten und Gefahr wegen seiner Beseitigung nicht vorliegt, mit der Ziehmutter ein Protokoll darüber aufgenommen, daß sie das Kind zu sich genommen habe, ohne irgend welche Entschädigungen in Geld oder sonstigen Vergütungen zu fordern, ihr auch weder eine einmalige Entschädigung in irgend einer Form gegeben, noch in Aussicht gestellt sei, und daß sie das Kind vollständig aus eigenen Mitteln erhalten, auch in Krankheitsfällen sämtliche Kosten selbst tragen wolle, solange sie nicht selbst hilfsbedürftig sei.

Das Protokoll wird dann der zuständigen Waisenpflegerin als Organ des Gem.-Waisenrats zum Bericht über die Wohnungs- und Ernährungsverhältnisse des Kindes übergeben, und darauf der Vormund des Kindes zur protokollarischen Erklärung geladen, ob er mit der Unterbringung des Kindes einverstanden sei, und daß er über das Ergehen des Kindes unausgesetzt wachen werde.

10. **Ärztliche Untersuchung der Schulkinder.**

Von Anfang Januar an haben in Halle a. S. die Waisenpflegerinnen die schulpflichtig werdenden Haltekinder dem Ziehkinderarzt wegen der Einschulung oder Nichteinschulung zu Ostern vorzustellen. Danach werden die in der Entwicklung zurückgebliebenen Kinder unter Umständen noch $1/2$ oder ein ganzes Jahr von der Schule zurückgehalten.

Die Nachteile der ehrenamtlichen Aufsicht.

Wir haben gesehen, daß nur in wenigen Städten des Deutschen Reiches die Aufsicht über sämtliche in der Stadt bei fremden Leuten gegen Entgelt untergebrachten Kinder durch eine Zentralstelle und besoldete Waisenpflegerinnen ausgeübt wird, daß eine Anzahl größerer Städte bei Zweiteilung der Aufsichtsinstanzen Vereinsdamen oder Waisenpflegerinnen im Ehrenamte verwendet, daß aber in den meisten Städten ebenso wie in den Landgemeinden nur eine Kontrolle durch die männlichen Organe der Polizei- oder Armenverwaltung und zwar ohne ständigen ärztlichen Beirat vorgeschrieben ist.

Die Erfahrung lehrt nun, daß bei solcher Aufsicht selbst die besten Vorschriften nichts oder nicht viel nützen, denn es können dann nur die das Kind umgebenden Verhältnisse, aber nicht die Gebrechen des Kindes selbst beurteilt werden. Auf diese aber ist das Hauptgewicht zu legen. Die Reinlichkeit in der Wohnung und der gute Ruf der Pflegeeltern tut es allein nicht. Die Hauptsache ist das Verständnis der Pflegemutter für eine sachgemäße Behandlung des Kindes. Deshalb muß in allererster Linie das Kind beobachtet werden. Manche sonst treffliche Frau hat beim besten Willen kein Geschick, ein schwächliches Kind hoch zu bringen, man muß es ihr nehmen und einer andern Person geben, wenn es nicht verderben soll. Die eingehende Prüfung des Wohlbefindens und Gedeihens des Kindes hat die Duldung nur guter Pflegestellen ganz von selbst zur Folge.

Diese Art der Aufsicht auszuführen sind aber auch Damen im Ehrenamt nicht in der Lage. Einmal sind die Organisationen der Vereine nicht auf eine so eingehende Kontrolle zugeschnitten, schon aus dem Grunde nicht, weil man den Damen eine so verantwortungsvolle und umfangreiche Arbeit schlechterdings nicht zumuten kann, dann aber genügt in der Tat eine Erfahrung, wie sie die ehrenamtliche Pflegerin als Mutter bei der Pflege ihrer eigenen Kinder gesammelt hat, nicht zur Beaufsichtigung von Ziehkindern. Jedes Kind will anders behandelt sein, wenn es gedeihen soll und die Pflege der Haltekinder ist deshalb besonders schwierig, weil diese meist von kranken und schlecht genährten Müttern stammen und Gebrechen aufweisen, die die ehrenamtlichen Pflegerinnen in ihren Kreisen nie gesehen, ja von denen sie kaum gehört haben. Ein kleines Bild davon mag der kurze Hinweis geben, daß außer dem schnellen Eingreifen bei Brechdurchfall und Syphilis dem Ziehkinderarzt unausgesetzt die Aufgabe obliegt, bei den ihm von den Waisenpflegerinnen zugeführten Kindern die englische Krankheit in ihren verschiedenen Formen zu bekämpfen, Buckel wegzubringen oder ihre Entstehung zu verhüten, Beinschienen zu verordnen und anderen Deformitäten der Knochen entgegenzuwirken, Wucherungen im Nasenrachenraum, die auf die Atmung und geistige Entwicklung des Kindes Einfluß üben, Mittelohrerweiterungen und mannigfache Mißbildungen beseitigen zu lassen und anderes mehr.

Die Vorschrift mancher Satzungen, daß die Helferin im Bedarfsfalle den Arzt rufen kann, ist ziemlich wertlos, weil die ehrenamtlichen Waisenpflegerinnen die Kinder, wenn überhaupt, nur oberflächlich ansehen, und wenn sie sie wirklich körperlich untersuchen, die Fehler mangels jeder Schulung nicht entdecken. Das Kind behält dann seine Gebrechen und wächst damit zum schwächlichen Menschen heran. Wollte man nun zu jedem Kinde einen Arzt schicken und diesem auch die weitere Kontrolle über das Gedeihen des Haltekindes übertragen, so wäre eine solche Maßregel unwirtschaftlich, weil die so in Anspruch genommene Arbeitskraft eines Arztes zu teuer würde. Sparsamer geht man zu Werke, wenn man, wie es oben beschrieben ist, Haltekinder, deren Zustand Bedenken erregt, einem Haltekinderarzt in wöchentlichen Sprechstunden in einem dazu bestimmten Raume vorstellen läßt. Dort müssen die Kinder gewogen, untersucht und nach Bedarf einem behandelnden Spezialarzt oder dem Krankenhause überwiesen werden. Zur Auswahl solcher, der ärztlichen Hilfe bedürftigen Haltekinder gehören aber besoldete Waisenpflegerinnen, die nicht nur in der Erkennung der Krankheiten geschult sind, sondern auch die Ausführung der ärztlichen Anordnungen überwachen. Um diese Schulung zu erlangen, müssen die Waisenpflegerinnen den wöchentlichen Sprechstunden des Arztes beiwohnen und von diesem speziell unterrichtet werden. Ist die Zahl der Pflegerinnen groß, wird die Unterweisung wenig fruchtbar sein. Auch aus diesem Grunde empfiehlt es sich, nicht ehrenamtliche Pflegerinnen, deren jede nur wenige Kinder kontrolliert, zu verwenden, sondern besoldete, die deren viele, etwa 200, unter sich haben, und durch ihre Praxis bald eine umfassende Erfahrung gewinnen. Fehlt der Ziehkinderarzt als Mittelpunkt der Aufsicht, so fehlt auch die einheitliche und gleichmäßige Ausübung der Beaufsichtigung durch die Waisenpflegerinnen.

Ein weiterer Nachteil der ehrenamtlichen Aufsicht besteht darin, daß in der heißen Jahreszeit, wenn der Brechdurchfall unter den Säuglingen wütet und eine sachverständige Beaufsichtigung am nötigsten ist, die Tätigkeit der im Ehrenamt stehenden Damen oft gänzlich aufhört, weil sie mit ihrer Familie im Bade Erholung suchen. Ferner können diese Damen nicht durch irgend welchen Zwang in ihrem Amte gehalten werden, sie wechseln daher häufig. Das bringt aber für die Beaufsichtigung der Ziehmütter infolge der verschiedenartigen Anordnungen, denen sie ausgesetzt sind, mancherlei Nachteile mit sich. Außerdem wechseln auch die Zieheltern oft die Wohnung und sind auch dadurch wiederum bei jeder Waisenpflegerin, in deren Revier sie ziehen, deren vielleicht gänzlich abweichenden Anschauungen über Kindererziehung preisgegeben. Wenn dieser Übelstand in vielen Städten noch nicht besonders hervorgetreten ist, so liegt das eben daran, daß die Damen sich bisher nur um die Umgebung, aber nicht um die Gebrechen des Kindes gekümmert haben.

An dem Mangel der Wochenvorstellungen und des instruierenden Ziehkinderarztes krankt auch die von dem Polizeipräsidium in Berlin bisher eingeführte Beaufsichtigung der Haltekinder. Die dortigen besoldeten Waisenpflegerinnen haben lediglich eine mehrwöchentliche Ausbildung auf einer Kinderstation erhalten, kommen dann aber mit dem Arzte nur noch selten in instruktive Berührung. Eine gute Kontrolle ließe sich in Berlin wie überhaupt in großen Städten z. B. dadurch herstellen, daß mehrere Ziehkinderärzte angestellt werden, jeder seinen bestimmten Bezirk und mit bestimmten Waisenpflegerinnen erhält und Sprechstunden wie in Leipzig und Halle ansetzt.

Ausdehnung der Haltekinderaufsicht auf Stadt und Land.

Mit der ganzen oben beschriebenen Arbeit ist aber wenig geleistet, wenn die Beaufsichtigung der Ziehkinder auf die Städte beschränkt bleibt. Die Kontrolle muß auf Stadt und Land in gleicher Weise ausgedehnt werden. Zur Zeit wird es einer findigen Ziehmutter nicht schwer, in nächster Nähe der Großstadt sich jeder Kontrolle zu entziehen und das schändliche Gewerbe einer Engelmacherin ziemlich ungestört auszuüben. Wenn man die Halleschen Verhältnisse, die wohl als normale gelten können, zu Grunde legt, so kommen auf 160 000 Einwohner rund 500 polizeiliche und städtische Haltekinder, für deren Beaufsichtigung ein Ziehkinderarzt mit 4 besoldeten Pflegerinnen genügt. Eine Stadt von 40—50 000 Einwohnern würde daher mit einer besoldeten Pflegerin und einem Ziehkinderarzt eine genügende

Aufsicht schaffen können. Ebenso könnten die Landkreise je nach ihrer Größe für mehrere kleinere Städte und Landgemeinden eine gemeinschaftliche besoldete Pflegerin anstellen und damit verhüten, daß vor den Toren der Großstadt der Ungesetzlichkeit freie Bahn gelassen wird. (Vergl. auch „Kosten der Beaufsichtigung".)

Vorschlag zur reichsgesetzlichen Regelung des Ziehkinderwesens.

Der Beaufsichtigung der Haltekinder wird in vielen Gemeinden des Deutschen Reiches noch so wenig Beachtung geschenkt, daß von einer wirklichen Aufsicht keine Rede sein kann. Die Listen der Polizeiverwaltungen weisen Namen von Kindern auf, die längst anderswo untergebracht sind, andererseits fehlen wieder viele, die nicht angemeldet sind.

Die Zweiteilung der Aufsichtsinstanzen bewirkt, daß viele Ziehmütter sich der Kontrolle ohne Schwierigkeiten entziehen können. Dabei machen sie sich die in vielen deutschen Staaten geltende Vorschrift zunutze, daß Ziehmütter, welche Kinder unentgeltlich aufgenommen haben, von der Aufsicht befreit sein sollen. Ob die Angaben über die unentgeltliche Aufnahme richtig und die Motive zur Aufnahme lauter sind, wird dabei sehr oberflächlich oder gar nicht geprüft: die bloße Angabe, ein Kind unentgeltlich aufziehen zu wollen, genügt den Behörden meistens.

Andererseits können die Doppelinstanzen zu Kollisionen der Behörden führen: wenn der Gemeindewaisenrat seine Pflicht, die Mündel zu beaufsichtigen, in ausgiebiger Weise erfüllt, was jetzt mangels guter Organisationen meistens nicht geschieht, ist es unausbleiblich, daß seine Organe und die der Polizeiverwaltung denselben Kindern ihre Fürsorge zuwenden. Derartige Kollisionen sind schon vorgekommen, sie haben aber, obwohl zwei ehrenamtliche Pflegerinnen für das Kind zuständig waren, diesem doch keinen Schaden gebracht, weil sie sich nicht um das Kind, sondern nur um seine Umgebung gekümmert haben.

Es liegt auf der Hand, daß die Zweiteilung der Aufsichtsinstanz eine Vergeudung, besonders von ehrenamtlichen Kräften ist, deren Verwendung an anderer Stelle mehr Segen stiften könnte.

In manchen Staaten bestehen zur Regelung des Haltekinderwesens Gesetze, in anderen Ministerialerlasse, in dritten nur Polizei- oder Medizinalverordnungen, in wieder anderen gar keine Vorschriften. Diejenigen Staaten aber, welche die Materie in der einen oder andern Weise geregelt haben, befinden sich über die wesentlichen Punkte in grundsätzlicher Übereinstimmung, daher dürfte eine reichsgesetzliche Regelung des Zieh- oder Haltekinderwesens angezeigt und unschwer zu erreichen sein. Das Bedürfnis nach einer gesetzlichen Regelung ist auch in dem preußischen Ministerialerlaß v. 18. Juli 1874 anerkannt.

Die Praxis hat bereits in den Städten, die eine gute Kontrolle eingerichtet haben, dahin geführt, eine einheitliche Organisation zu schaffen und sämtliche Haltekinder der Aufsicht des Gemeindewaisenrats zu unterstellen. Rechtlich liegt die Sache allerdings so, daß der Gemeindewaisenrat über die jetzt von der Polizei zu beaufsichtigenden Haltekinder nicht die erforderlichen Machtbefugnisse hat. Es fehlt ihm die Polizeigewalt, die Erlaubnis zur Aufnahme eines Haltekindes zu erteilen und zurückzunehmen. Die Übertragung dieser Polizeigewalt an den Vorsitzenden des Gemeindewaisenrats ist deshalb in mehreren Städten durch Spezialvollmacht erfolgt. Der wesentlichste Inhalt eines Reichsgesetzes über das Haltekinderwesen würde also der sein müssen, daß der Gemeindewaisenrat die Aufsicht über alle in einer Gemeinde bei fremden Leuten untergebrachten Kinder auszuüben hat und dazu mit den erforderlichen polizeilichen Befugnissen auszurüsten ist. Dabei ist ihm die Befugnis einzuräumen, bei unentgeltlicher Aufnahme fremder Kinder nach seinem Ermessen von einer Beaufsichtigung abzusehen. Die Anstellung von Ziehkinderärzten und besoldeten Waisenpflegerinnen ist vorzuschreiben.

Der Gedanke, die Maßnahmen des Gemeindewaisenrats bezüglich der polizeilichen Haltekinder von der Genehmigung des Vormundschaftsrichters abhängig zu machen, ist zu verwerfen, einmal weil dadurch nur die bevormundeten Kinder betroffen würden, dann weil der Gemeinwaisenrat bezüglich der städtischen Haltekinder bereits selbständig ist und deshalb seine Beschränkung wegen des anderen Teils nicht gerechtfertigt erscheint, schließlich aber, weil es sich um viele und schleunige Anordnungen handelt, bei denen eine einheitliche Leitung nötig und ein Schriftwechsel mit dem Gericht zu vermeiden ist.

Generalvormundschaft.

Die Generalvormundschaft ist für das Haltekinderwesen von geringer Bedeutung. In Preußen beispielsweise ist sie, abgesehen von Anstaltskindern, auf armenrechtlich unterstützte Mündel, im Königreich Sachsen auf die unehelichen Kinder beschränkt. Der Generalvormund hat die Aufgabe, für das Wohl seiner Mündel zu sorgen, insbesondere die Erzeuger zu angemessenen Leistungen für das Kind anzuhalten, bezw. die Auslagen der Armenverwaltung von diesen einzuziehen. Er tritt in Preußen erst in Tätigkeit, wenn ihm die Kinder als armenrechtlich hilfsbedürftig überwiesen sind.

In den Städten, in welchen Armen- und Waisenverwaltung von derselben Behörde wahrgenommen wird, ist er mit dieser identisch. Wenn die Verwaltungen getrennt sind, bildet er mit dem Gemeindewaisenrat eine Behörde. Sobald letzterer gut organisiert ist, kann er die Überwachung der Mündel ohne Generalvormund ausführen, sodaß für diesen nur das Geschäft, die Erzeuger zu verklagen, übrig bleibt. Sind aber Generalvormund und Vorsitzender des Gemeindewaisenrats zwei verschiedene Personen, so würde er die Bewegungsfreiheit des letzteren nur einengen und besonders dann ein Hemmnis bilden, wenn dem Gemeindewaisenrat, wie oben vorgeschlagen ist, die Überwachung sämtlicher Haltekinder obliegt.

Durch die Anstellung eines Generalvormundes würde allerdings eine Ersparnis an Einzelvormündern eintreten; ob das aber für die Mündel ein Gewinn ist, bleibt fraglich, denn nicht Jedermann wird es geraten erscheinen, das Laienelement der Vormünder für die unehelichen Kinder gänzlich auszuschließen. Oft hat ein Mündel von den persönlichen Beziehungen zum Vormunde erhebliche Vorteile. Dazu kommt, daß die Generalvormundschaft in Preußen über Kinder, die in Familienpflege gegeben sind, nur bis an die Grenze der armenrechtlichen Hilfsbedürftigkeit dauern kann, sodaß nach der Schulentlassung für den Mündel doch ein Einzelvormund ernannt werden muß.

Die oft berechtigte Klage, die Vormünder kümmerten sich um ihre Mündel nicht, wird mit der Anstellung besoldeter Waisenpflegerinnen verstummen, da diese — wie es in Halle der Fall ist — verpflichtet werden müssen, mit den Vormündern über ihre Mündel Rücksprache zu nehmen, sobald des Ersteren Eintreten wünschenswert ist, und nicht von selbst geschieht.

Über Widerspenstigkeit der Vormünder wird wohl selten Klage erhoben werden. Bei verkehrten Maßnahmen des Vormundes kann das Vormundschaftsgericht leicht Abhilfe schaffen.

Auch die Schnelligkeit der Klageerhebung braucht ohne Generalvormund nicht beeinträchtigt zu werden. Die besoldeten Waisenpflegerinnen orientieren den Gemeindewaisenrat über jeden neuen Fall sehr prompt, sodaß dem Gericht ein Vormund ohne Zeitverlust vorgeschlagen werden kann. Dieser wird vom Gemeindewaisenrat informiert und erhebt Klage, oder tut die sonst nötigen Schritte. Für ganz eilige Fälle haben sich in Halle einige Rechtsanwälte zur kostenlosen Klageerhebung bereiterklärt. Aus diesen Gründen ist von dem Institut der Generalvormundschaft ein Vorteil nicht zu erhoffen, wenn, wie gesagt, der Gemeindewaisenrat gut organisiert ist.

Kosten der Beaufsichtigung.

Die Kosten der Beaufsichtigung des Haltekinderwesens stellen sich wie folgt:

a. In Leipzig.

1. Honorar an Ziehkinderärzte . . . . . . (1 Arzt 3000 Mark, 1 Arzt 250 Mark und 250 Mark für Stellvertretung.)	3 500,00 Mark
2. Honorar an 20 Pflegerinnen	12 141,65 „
3. Prämien an Ziehmütter	600,00 „
4. Bandagen und Medikamente	1 500,00 „
5. Holz- und Kohlenzettel	500,00 „
6. Druckkosten, Insertionsgebühren u. s. w. . .	500,00 „
7. Verschiedener Aufwand	300,00 „
Summa	19 041,65 Mark.

b. In Dresden.

1. Besoldung für 3 Pflegerinnen 800—1200 Mark	2 813,00 Mark
2. Entschädigung an 2 Armenärzte für Abhaltung der Wochen- und Jahresvorstellungen und für die Hausbesuche bei den Ziehkindern . . .	975,00 „
Zum Übertrag	3 788,00 Mark

B. Besoldete Waisenpflegerinnen.

	Übertrag	3788,00	Mark
3. Belohnungen für die besten Ziehmütter . . .		300,00	„
4. Entschädigung für die Benutzung von Räumlichkeiten bei den Ziehkindervorstellungen und für das Hin- und Herschaffen der hierzu nötigen Geräte		75,00	„
5. Aufwand für Fortkommen der 3 Pflegerinnen .		180,00	„
	Summa	4343,00	Mark.

c. In Halle.
(Rechnungsjahr 1900 und 1901.)

1. Entschädigung für 4 Waisenpflegerinnen (eine à 900 Mark und 3 à 800 Mark)	3330,00	Mark
2. Honorar an den Arzt	800,00	„
3. Ergänzung der Ausstattung und Reinigung des Untersuchungszimmers	100,00	„
4. Beschaffung von Stärkungsmitteln	200,00	„
Summa	4400,00	Mark.

Prämien an Ziehmütter haben sich in Halle a. S. nicht als notwendig erwiesen. Das Honorar des Ziehkinderarztes ist jetzt auf 1000 Mark, das der Waisenpflegerinnen wegen vermehrter Arbeit für die ersten beiden Jahre auf 800 Mark, für die folgenden auf 1000 Mark bei dreimonatlicher Aufkündigung der Stellung festgesetzt. Die persönlichen Kosten für die Beaufsichtigung des Ziehkinderwesens richten sich nach der Zahl dieser Kinder. In einer Stadt von 40—50000 Einwohner, die etwa 100—150 Ziehkinder insgesamt hat, genügt eine Pflegerin, deren Gehalt nach den Teuerungsverhältnissen der Gemeinde zu bemessen ist, während für den Ziehkinderarzt eine Entschädigung von etwa 2 Mark pro Kopf des Ziehkindes als jährliche Vergütung angemessen sein dürfte.

Die Stadt Halle hat seit dem 1. April 1902 die besoldeten Waisenpflegerinnen um 5 vermehrt, weil ihnen außer der Ziehkinderkontrolle noch folgende Aufgaben zugewiesen sind:

a) Die Beaufsichtigung aller dem Gemeindewaisenrat in Halle unterstellten Mündel, insbesondere die Wohnungskontrolle (die Verantwortlichkeit der Armen- und Waisenpfleger wird dadurch nicht berührt, denselben ihr Amt nur erleichtert, sodaß also eine Änderung des Elberfelder Systems nicht eintritt).

b) Die Hilfeleistung in der öffentlichen Armenpflege.

Bei der Ziehkinderbesichtigung und als Organe des Gemeindewaisenrats haben die besoldeten Waisenpflegerinnen nur mit der **Armendirektion**, deren Vorsitzender gleichzeitig Vorsitzender des Gemeindewaisenrats ist, zu tun. Auf dem Gebiete der Armenpflege weisen dagegen die Bezirksvorsitzenden den Waisenpflegerinnen ihre Arbeit zu. Dieselben setzen sich bei der Ausübung ihrer Tätigkeit mit den zuständigen Armenpflegern in Verbindung, können auch zu den Sitzungen der Kommissionen zugezogen werden.

Die Bewilligung von Kleidungsstücken durch die Armenbezirke unterliegt stets der Vorprüfung der Waisenpflegerinnen.

Die Beschäftigung der besoldeten Waisenpflegerinnen in der Armenpflege macht ihre Anstellung erst recht rentabel. Ihr Zusammenwirken mit den Armenbezirkskommissionen bringt ein intensives Arbeiten hervor. Manche Heuchlerin wird entlarvt, manche träge Person an die Arbeit gebracht, der Hausstand der Unterstützten geordnet und geregelt, die Kinder besser verpflegt u. s. w. Die Kenntnisse, welche die Waisenpflegerinnen bei der Ziehkinderpflege erwerben, kommen nun auch den unterstützten Familien und ihren Kindern zu Gute.

In Halle hatte es sich ergeben, daß es den Ziehkindern in den letzten Jahren viel besser als den bei ihren unterstützten Eltern befindlichen Kindern erging. Die Sterblichkeitsziffer unter der ärmeren Bevölkerung weist, wie oben erwähnt, für die Gesamtstadt Halle 29 %, für die Ziehkinder dagegen nur 17 % auf, ein Beweis, wie notwendig es ist, auch in anderen als Ziehkinderfamilien für Sauberkeit und Ordnung zu sorgen. Die Prüfung durch die Waisenpflegerinnen, ob die bei der Armenverwaltung beantragten Kleidungsstücke notwendig, ob die früher bewilligten sorgsam ausgebessert, oder etwa verkauft sind, die intensive Aufmerksamkeit, die den hilfsbedürftigen Kindern bezüglich ihres körperlichen Gedeihens zugewendet wird, alles das bringt mit der Gewöhnung an einen geordneten Hausstand eine wesentliche Verbesserung und Verbilligung der Armenpflege mit sich. Dabei sei noch darauf hingewiesen, daß die besoldeten Waisenpflegerinnen auch bei der Bekämpfung der Schwindsucht insofern wesentliche Dienste leisten, als sie die sogenannte „Kleinarbeit" besorgen. Damit soll die Verhinderung der Ansteckung der Familienangehörigen untereinander bezeichnet werden. Die Kranken und ihre Angehörigen werden über die Behandlung der Schwindsucht belehrt, es wird für besonderes Eß=, Trink= und Waschgeschirr und für besondere Betten gesorgt, wenn es daran mangelt. Die Waisenpflegerinnen veranlassen die Schwindsüchtigen, in einem gut durchlüfteten Zimmer allein zu schlafen, und wenn die Wohnung zu klein ist, ein Zimmer in demselben oder einem nahe gelegenen andern Hause hinzuzumieten. Wenn in solchen Fällen die Armenverwaltung nicht einzutreten verpflichtet ist, tut dies der Hallesche Schwindsuchts= oder ein anderer Wohltätigkeitsverein. Bei dem geregelten Zusammenarbeiten der Armenverwaltung mit den Wohltätigkeitsvereinen erfolgt die Verständigung ohne Schwierigkeiten. Das Zumieten des Zimmers ist billig, weil die Kranken es selbst mieten und gegen geringe Entschädigung erhalten. Von den Waisenpflegerinnen resp. dem Arzt des Schwindsuchtsvereins wird nur die Geeignetheit des Zimmers geprüft. Bei Umzügen mittelloser Schwindsüchtiger wird für kostenlose Formalindesinfektion Sorge getragen.

Da die besoldeten Waisenpflegerinnen nicht nur die Beaufsichtigung der Ziehkinder zu besorgen haben, sondern auch Organe des Gemeindewaisenrats sind, so erstreckt sich ihre Fürsorge und Aufsicht über die jetzt bei den polizeilichen oder städtischen Haltekindern festgesetzten Altersgrenzen von 6 resp. 14 Jahren hinaus, sofern sie noch nötig ist.

Wie intensiv übrigens die Tätigkeit der besoldeten Waisenpflegerinnen auf dem Gebiete der allgemeinen Mündelkontrolle ist, erhellt daraus, daß in einem Monat nach Übernahme dieser Arbeit rund 700 Umzüge von

Mündeln me h r gemeldet worden sind, als früher von den ehrenamtlichen Waisenpflegern. Die Mehrkosten für die Anstellung der 5 Waisenpflegerinnen belaufen sich auf 5mal 800 Mark, die sich in 2 Jahren um je 200 Mark = 1000 Mark erhöhen. Pensionsberechtigt sind die Waisenpflegerinnen nicht.

Die Annahme, daß trotz der Gehälter für die Waisenpflegerinnen und den Ziehkinderarzt eine Verbilligung der Armen= und Waisenpflege eintreten wird, ist durchaus gerechtfertigt.

Schlußwort.

Zum Schlusse sei darauf hingewiesen, daß in der Anstellung besoldeter Waisenpflegerinnen keineswegs eine Zurücksetzung der ehrenamtlichen Tätigkeit liegt. Wir sind der Ansicht, daß die Beaufsichtigung der Haltekinder eine Pflicht der Behörden ist, die sich nicht von dem guten Willen und Können der Vereine abhängig machen, sondern eine Organisation schaffen sollten, mit der sie selbständig und zuverlässig arbeiten können. Amtliche Aufgaben und freie Liebestätigkeit müssen nebeneinander hergehen und sich in der Weise ergänzen, daß amtlicherseits das Notwendige, vereinsseitig das darüber hinaus Wünschenswerte geleistet wird. Als notwendig ist aber eine gründliche Beaufsichtigung aller bei fremden Leuten untergebrachten Kinder unbedingt zu bezeichnen. Auf dem Gebiete der freien Liebestätigkeit bleibt dann noch eine Fülle von Aufgaben, bei denen die Vereinsdamen sich auf das segensreichste betätigen können.

Thesen.

1. Alle in einer Gemeinde befindlichen, bei fremden Leuten untergebrachten Kinder sind unter einheitliche Aufsicht zu stellen.
2. Mit der Ausübung der Aufsicht ist der Gemeindewaisenrat zu betrauen, dem als Organe ein Ziehkinderarzt und besoldete Waisenpflegerinnen beizugeben sind.
3. Dem Gemeindewaisenrat sind durch Reichsgesetz die Befugnisse beizulegen, a) die Erlaubnis zur Annahme von Ziehkindern zu erteilen und zurückzunehmen, b) Strafen gegen Ziehmütter zu verhängen.

Anhang.

I. Gesetze und ministerielle Verordnungen.

1. Preußen.

665) Zirkularverfügung an sämtliche Königl. Oberpräsidenten, die polizeiliche Erlaubnis zur Annahme von sogenannten Haltekindern betreffend, vom 17. Juli 1840.

Durch die in Abschrift anliegende Allerhöchste Kabinettsordre vom 30 v. Mts. (Anl. b) haben des Königs Majestät für den engeren Polizeibezirk von Berlin eine fürsorgende Maßregel zum Schutze der sogenannten Haltekinder gegen die Folgen vernachläßigter Pflege zu genehmigen und mich zu autorisieren geruht, die angeordnete Kontrolle überall da einzuführen, wo sich künftig ein Bedürfnis dazu zu erkennen geben wird. Die Motive dieser Maßregel sind aus meinem Immediatberichte vom 19. Mai d. J., den ich abschriftlich beifügen lasse (Anl. a), näher zu entnehmen.

Ew. pp. überlasse ich, die Ausdehnung dieser Maßregel bei mir zu beantragen, sobald sich in Ihrem Geschäftsbezirke irgendwo das Bedürfnis dazu zu erkennen gibt.

Berlin, den 17. Juli 1840.

Der Minister des Innern und der Polizei.

gez. v. Rochow.

a.

Es werden in Berlin jährlich 1000–1100 uneheliche Kinder geboren, die zum großen Teile von der Geburt an in einem schlimmeren Verhältnis als die verwaisten Kinder sich befinden. Die Väter derselben, welche sich gewöhnlich für völlig frei von jeder Pflicht erachten, können oft nur durch gesetzlichen Zwang, der häufig wegen Entfernung und Armut der Beteiligten fruchtlos bleibt, zu irgend einer dürftigen Leistung gezwungen werden, während die Mütter, dienend oder neuen Ausschweifungen sich hingebend, ihre Kinder nicht selbst erziehen können, oder es nicht wollen, nur mühsam und mit Widerwillen spärliche Kosten für die Erziehung durch Fremde aufbringen und nicht selten es für ein Glück halten, wenn der Tod die von ihnen als Bürde und Hindernis betrachteten Kinder hinwegrafft.

Diesen Verhältnissen und Gesinnungen angemessen, ist die Verpflegung dieser Kinder.

Die Frauen, welche ein Gewerbe aus der Aufnahme dergleichen Kinder machen, und sich gegen geringe Vergütung dazu verstehen, sind zu deren Verwahrlosung noch mehr, als die Mütter geneigt, und so findet man denn häufig diese unglücklichen Kinder in einem wahrhaft bedauernswürdigen

Zustande, in ungesunden, feuchten und finstern Wohnungen, auf schmutzigem Lager, Tage lang an elenden sogenannten Lutschbeuteln kauend, und ohne Wartung im eigenen Unflat verkümmernd.

In dieser Weise wird früh schon der Grund zu den langwierigsten, oft unheilbarsten Übeln gelegt; später, wenn die Seelenkräfte sich entfalten, sind die moralischen Eindrücke nicht besser, als die physischen, und Todesfälle sind unter diesen Kindern häufiger als unter anderen.

Gegen dieses unglückliche Schicksal enthält die gesetzliche Bestimmung, wonach jedem solchen Kinde ein Vormund bestellt werden muß, erfahrungsmäßig keinen ausreichenden Schutz. Viele Kinder werden nämlich gar nicht bevormundet, weil das Gericht von dem Anlaß zur Bevormundung nicht unterrichtet wird; andere, weil gesetzlich uneheliche Kinder, deren Mutter noch unter väterlicher Gewalt steht, keines Vormundes bedürfen, indem jene väterliche Gewalt sich auch auf sie erstreckt. Wo aber ein Vormund ernannt wird, da wählt ihn die Mutter in der Regel aus der niedrigsten Volksklasse, und ein solcher Mann, der in der Vormundschaft eine drückende, seine eigenen Sorgen nur vermehrende Last sieht, entbindet sich leicht von aller Fürsorge für seinen Pflegebefohlenen. Eine Verschärfung der gerichtlichen Aufsicht über den Vormund verfehlt hierbei häufig das Ziel, da es nicht immer Mangel an Gewissenhaftigkeit, sondern noch öfter Mangel an Zeit ist, welcher den von seiner Handarbeit lebenden Vormund verhindert, seine vormundschaftlichen Pflichten mit dem erforderlichen Ernste zu erfüllen.

Das Schicksal dieser Haltekinder enthält deshalb eine dringende Aufforderung zu einer besonderen Fürsorge, und bereits ist unter dem Vorsitze des Geheimen Medizinalrats Baréz und des Rentners Borchard ein Verein achtbarer Männer hier zusammengetreten, welcher die Beaufsichtigung dieser Haltekinder, ihre Unterbringung bei gewissenhaften Personen und überhaupt die Verbesserung ihrer Lage sich zum Zwecke gemacht hat. Soll aber der löbliche, menschenfreundliche Zweck dieses Vereins erreicht werden, so ist es erforderlich, daß die Aufnahme von Haltekindern, aus welcher viele zur Zeit ein förmliches Gewerbe machen, künftig gleich der Vermietung von Schlafstellen und chambres garnies, von einer polizeilichen Konzession abhängig gemacht wird, damit die moralische Zuverlässigkeit der Personen, welche sich damit beschäftigen, näher untersucht und Jedem, dessen Betragen und Lebensverhältnisse für eine sorgsame Behandlung der Haltekinder keine Gewähr leisten, die Aufnahme dieser Kinder untersagt werde. Da eine solche Kontrolle die Abwendung einer Gefahr für Gesundheit und Leben eines Teils der Bevölkerung bezweckt, so ist sie eigentlich schon durch die Vorschrift des § 10 Tit. 17 T. II A.L.R. gerechtfertigt, und ich dürfte mich durch den § 45 der Verordnung vom 26. Dezember 1808 und den § 11 der Regierungsinstruktion vom 23. Oktober 1817 umsomehr zu ihrer Einführung für ermächtigt halten, als die Gründe, aus welchem die gewerbsweise Vermietung von Schlafstellen und chambres garnies durch § 21 des Gesetzes vom 2. November 1810 und § 131 des Gewerbepolizeiedikts vom 7. September 1811 an eine vorgängige polizeiliche Konzession gebunden worden ist, bei der gewerbsweisen Aufnahme sogenannter Haltekinder noch in höherem Grade vorhanden sind. Da indessen eine solche Kontrolle bisher nicht bestanden hat, so glaube ich, um jedem Zweifel an ihrer Gesetzlichkeit und Notwendigkeit im voraus zu begegnen, die Allerhöchste Genehmigung Eurer Königlichen Majestät zu dieser durch Gesetz und Menschlichkeit gebotenen Maßregel ehrfurchtsvoll erbitten zu müssen. Nach meinem aller= untertänigsten Dafürhalten wird diese Kontrolle sich auf Jedermann er= strecken müssen, welcher für Geld fremde, noch nicht vier Jahre alte Kinder in Pflege nimmt; sie wird übrigens für jetzt nur auf den engeren Polizei= bezirk von Berlin zu beschränken sein, da außerhalb desselben das Bedürfnis dazu noch nicht fühlbar geworden ist.

Berlin, den 19. Mai 1840.

gez. v. Rochow.

An des Königs Majestät.

b.

Einverstanden mit der in Ihrem Bericht vom 19. v. Mts. dargelegten Notwendigkeit einer fürsorgenden Maßregel zum Schutze der bei einzelnen Bewohnern der Stadt Berlin im zartesten Lebensalter untergebrachten sogenannten Haltekinder gegen die, Gesundheit und Leben bedrohenden Folgen vernachlässigter Pflege, will ich Sie hierdurch ermächtigen, die Befugnis zur Aufnahme solcher Haltekinder künftig von einer polizeilichen Erlaubnis abhängig zu machen. Diese Kontrolle soll sich zunächst auf den engeren Polizeibezirk von Berlin erstrecken, und auf Jedermann Anwendung finden, welcher für Geld fremde, noch nicht vier Jahre alte Kinder in Pflege nimmt.

Ich autorisiere Sie, diese Bestimmung, deren Übertretung nach § 35 Tit. 20 Tl. II.[1] des Allgemeinen Landrechts zu bestrafen ist, durch das Amtsblatt zur Öffentlichkeit zu bringen, auch solche überall da einzuführen, wo sich künftig ein Bedürfnis dazu zu erkennen geben wird.

Sanssouci, den 30. Juni 1840.

gez. Friedrich Wilhelm.

An den Staatsminister v. Rochow.

---

207) Cirkular an sämtliche Königl. Regierungen und Landdrosteien und an das Königl. Polizeipräsidium hier, die Überwachung der Unterbringung s. g. Halte= kinder betreffend, vom 18. Juli 1874.

Aus den infolge unserer Cirkularverfügung vom 15. Oktober 1872 erstatteten Berichten über die Behandlung der s. g. Haltekinder geht hervor, daß, wenn schon nicht überall, so doch in einzelnen Bezirken das Bedürfnis vorliegt, diese Angelegenheit vom sanitätspolizeilichen Standpunkt anderweit zu regeln. Am wirksamsten würde dies ohne Zweifel geschehen durch den Erlaß eines Gesetzes, welches die Aufnahme von Kostkindern gegen Entgelt von einer, nötigenfalls der Zurücknahme unterliegenden polizeilichen Erlaubnis abhängig macht. Nachdem aber bei Beratung der Gewerbeordnung vom

---

[1] § 35 I c. Wenn die Gesetze eine willkürliche Strafe verordnen, so darf die= selbe nicht über Gefängnis von sechs Wochen oder fünfzig Thaler Geldbuße aus= gedehnt werden.

21. Juni 1869 ein in diesem Sinne gestellter Antrag die Zustimmung des Deutschen Reichstages nicht gefunden hat, ist von neuen legislativen Verhandlungen ein Erfolg nur dann zu erwarten, wenn sich ergeben sollte, daß die den Verwaltungsbehörden zu Gebote stehenden Mittel nicht ausreichen, um den Gefahren vorzubeugen, von welchen Leben und Gesundheit der Haltekinder durch die Behandlung seitens ihrer Kostgeber vielfach bedroht sind.

Da der § 1 der Gewerbeordnung den Betrieb eines Gewerbes Jedermann gestattet, soweit nicht in ihr Ausnahmen oder Beschränkungen vorgeschrieben oder zugelassen sind, der Aufnahme von Kostkindern aber in der Gewerbeordnung weiter keine Erwähnung geschieht, so ist es zur Zeit nicht statthaft, das gewerbsmäßige Halten von Kostkindern im Wege der Polizeiverordnung von einer polizeilichen Konzession oder Erlaubnis abhängig zu machen. Wohl aber erscheint es zulässig, denjenigen, welche fremde Kinder im Alter von noch nicht 4 Jahren gegen Entgelt in Kost nehmen, durch Polizeiverordnung bei Strafe die Verpflichtung aufzulegen, binnen 24 Stunden das Kind nach Namen, Ort und Tag der Geburt, sowie Namen und Wohnort seiner Eltern, bei unehelichen Kindern Namen und Wohnort der Mutter, sowie des Vormundes bei der Ortspolizeibehörde schriftlich anzumelden.

Die wirksame Handhabung einer Polizeiverordnung dieses Inhalts gewährt den Ortspolizeibehörden die Möglichkeit, sich davon zu überzeugen, daß den Kostkindern Wohnung, Nahrung und Pflege in einer das Leben und die Gesundheit derselben nicht gefährdenden Weise gewährt werden. Wo die Verhältnisse es erfordern und gestatten, sind die Ortspolizeibehörden nicht verhindert, Mitglieder der zum Schutze von Kostkindern bestehenden oder zu begründenden Vereine mit der Ausübung dieser Aufsicht zu beauftragen, und kommt es nur darauf an, denselben eine dem § 7 des Gesetzes vom 12. Februar 1850 — Ges.S. S. 45 — entsprechende Legitimation zu verschaffen, was am einfachsten durch Aushändigung einer von der Ortspolizeibehörde ausgestellten Legitimationskarte wird geschehen können.

Soweit auf diese Weise unstatthafte Verhältnisse konstatiert werden, ist die Polizeibehörde in der Lage, direkt einzuschreiten und event. nach vorgängiger Verständigung mit der Vormundschaftsbehörde, die Fortsetzung des Kostverhältnisses zu verhindern, nötigenfalls das Kind zwangsweise abholen und anderweit unterbringen zu lassen.

Es liegt nicht in unserer Absicht, eine allgemeine, den vorstehenden Bemerkungen entsprechende Anordnung zu treffen. Vielmehr bleibt die Beantwortung der Frage, ob und wie weit im dortigen Verwaltungsbezirk ein Bedürfnis für derartige Anordnungen besteht, dem eigenen pflichtmäßigen Ermessen der Königlichen Regierung pp. überlassen. Wo aber ein solches Bedürfnis anerkannt wird, wolle die Königliche Regierung pp. sich bei ihren Anordnungen innerhalb der vorgezeichneten Grenzen halten und uns von dem, was ihrerseits verfügt worden ist, Anzeige machen.

Berlin, den 18. Juli 1874.

Der Minister des Innern.   Der Minister der geistlichen pp. Angelegenheiten.

57) Runderlaß an die Königlichen Regierungspräsidenten, mit Ausnahme derjenigen der Provinz Schleswig-Holstein und Westfalen, vom 20. März 1896, betr. die polizeiliche Überwachung der sogenannten Ziehkinder.

Aus den auf die Rundverfügung vom 26. Juni v. J. erstatteten Berichten haben wir ersehen, daß die polizeiliche Überwachung der sogenannten Ziehkinder in fast allen Landesteilen durch Polizeiverordnungen geregelt ist, die als Altersgrenze für die Überwachung den Abschluß des sechsten Lebensjahres festsetzen. Nach wiederholter Erwägung vermögen wir, in Übereinstimmung mit der in der Mehrzahl der Berichte vertretenen Auffassung, ein Bedürfnis, die Altersgrenze weiter hinaufzusetzen, nicht anzuerkennen und bestimmen deshalb hiermit, daß es bei jenen Vorschriften zu bewenden hat.

Mit der Vollendung des sechsten Lebensjahres pflegt der Schulbesuch zu beginnen und von diesem Zeitpunkte ab werden an Stelle der Polizei die Lehrer die Überwachung der Ziehkinder auszuüben haben. Ist das Kind körperlich oder geistig verwahrlost, so kann das den Lehrern bei einiger Aufmerksamkeit nicht verborgen bleiben, und diese sind alsdann verpflichtet, sich die Abstellung des Übelstandes angelegen sein zu lassen. Sollten sie hierzu nicht selbst imstande sein, oder sollte ihre persönliche Einwirkung auf die Pflegeeltern zu keinem Erfolge führen, so haben sie die Vernachlässigung dem Vormunde, dem Waisenrate oder der Polizeibehörde anzuzeigen, damit von dort aus Abhilfe geschafft werde. Übrigens werden in der Regel Vormünder und Waisenräte schon aus eigenem Antriebe den schulpflichtigen Ziehkindern erhöhte Aufmerksamkeit zuwenden und sie vor Vernachlässigung wirksam zu schützen suchen.

Dagegen werden allerdings diejenigen Kinder einer weiteren unmittelbaren Fürsorge von seiten der Polizei bedürfen, welche noch nach vollendetem sechsten Lebensjahre wegen körperlicher oder geistiger Mängel vom Schulbesuche befreit sind und mithin, falls die polizeiliche Überwachung mit diesem Zeitpunkte aufhören sollte, dann einer behördlichen Aufsicht überhaupt entbehren würden.

Ew. Hochwohlgeboren ersuchen wir daher ergebenst, die Polizeiverwaltung Ihres Bezirks gefälligst anzuweisen, diesen Kindern ihre Aufmerksamkeit so lange zuzuwenden, bis durch Aufnahme in die Schule oder durch anderweite Umstände die polizeiliche Überwachung entbehrlich wird.

Berlin, den 20. März 1896.

Der Minister der geistlichen, Unterrichts- und Medizinal-Angelegenheiten.
J. A.: gez. v. Bartsch.

Der Minister des Innern
J. A.: gez. Haafe.

2. Bayern.

Die Beaufsichtigung der Haltekinder ist in Bayern durch Art. 41 des Polizei-Strafgesetzbuches vom 26. Dezember 1871 geregelt, welcher lautet:

„Wer fremde Kinder unter 8 Jahren ohne Bewilligung der Polizeibehörde gegen Bezahlung in Pflege oder Erziehung nimmt, oder nach entzogener Bewilligung behält, wird an Geld bis zu 15 Thalern bestraft."

Hier einschlägig ist auch Art. 81 desselben Gesetzes:

„Wer ihm angehörige oder anvertraute Kinder, Kranke, Gebrechliche, Blödsinnige oder andere dergleichen hilflose Personen in Bezug auf Schutz, Aufsicht, Verpflegung oder ärztlichen Beistand verwahrlost, wird an Geld bis zu dreißig Thalern oder mit Haft bis zu vier Wochen bestraft.

„Im Strafurteile kann ausgesprochen werden, daß die Polizeibehörde ermächtigt sei, in anderer Weise für die Unterbringung der betreffenden Person auf Kosten des Pflichtigen zu sorgen. Die Ermächtigung ist, wenn es sich um eine Maßregel handelt, zu der eine Anordnung des Vormundschaftsgerichts erforderlich ist, von der Erlassung dieser Anordnung abhängig zu machen."

Als Ausführungsbestimmungen zu diesen beiden Artikeln kommen in Betracht die §§ 17 und 24 der Königl. Allerhöchsten Verordnung vom 4. Januar 1872, die Zuständigkeit der Verwaltungsbehörden in Sachen des Strafgesetzbuches für das Deutsche Reich und des Polizeistrafgesetzbuches betreffend. Der Wortlaut derselben ist:

„§ 17. Die Bewilligung, fremde Kinder unter 8 Jahren gegen Bezahlung in Pflege oder Erziehung zu nehmen — Art. 41 — wird von den Distriktspolizeibehörden bezw. den exponierten Bezirksamtsassessoren, in München von der Königl. Polizeidirektion, erteilt."

„§ 24. Die in Art. 81 Abs. 2 vorgesehene Befugnis kommt den Distriktspolizeibehörden der Heimat der verwahrlosten Person, in München der Königl. Polizeidirektion zu. Hat die betreffende Person in Bayern keine wirkliche oder angewiesene Heimat, so ist die Distriktspolizeibehörde des Aufenthaltsortes zuständig."

Die hiernach in München der Königl. Polizeidirektion übertragenen Zuständigkeiten werden zufolge Ministerial-Bekanntmachung vom 12. Januar 1900 durch die Polizeiämter ausgeübt.

3. Württemberg.

Gesetzliche Bestimmungen, die die Befugnis zum Halten von Kostkindern, das Verhältnis zwischen Pflegeeltern und Pflegekindern und die Aufsicht über die letzteren regeln, bestehen in Württemberg nicht, auch findet eine ständige Beaufsichtigung der bei fremden Leuten in Kost und Pflege befindlichen Kinder durch die Verwaltungs- oder Polizeibehörden nicht statt.

Einen, wenn auch geringen Schutz der Pflegekinder gegen etwaige Übergriffe oder Versäumnisse der Pflegeeltern bieten die bestehenden nachgenannten Vorschriften:

1. Durch Erlaß des Königl. Medizinalkollegiums an sämtliche Königl. Oberämter und Oberamtsphysikate vom 14. August 1873 sind die Oberamtsphysikate angewiesen, ihr Augenmerk auf die Einwirkung des Inkostgebens kleiner Kinder bei fremden Personen und die herrschende Kindersterblichkeit zu richten und die im Bezirke praktizierenden Ärzte, Wundärzte und Hebammen anzuweisen, Mißstände, welche sie in Erfahrung bringen, nicht nur den Ortsvorstehern, sondern auch den Oberamtsärzten anzuzeigen, worauf zunächst die

Ortsvorsteher, in höherer Instanz aber die Königl. Oberämter, soviel möglich auf Beseitigung hinzuwirken haben

Sollte sich übrigens ergeben, daß irgendwo Mißstände in größerem Umfange bestehen, so wäre hiervon sofort Anzeige an das Königl. Medizinalkollegium zu machen; jedenfalls aber sind etwaige einschlägige Beobachtungen gelegentlich des Jahresberichts zur Kenntnis zu bringen.

2. In der vom Königl. Ministerium des Innern am 20. Oktober 1875 erlassenen Instruktion für die ärztlichen Visitationen der Gemeinden in Absicht auf Gesundheitspflege, ist den Oberamtsphysikaten zur Pflicht gemacht, anläßlich der oberamtlichen Ruggerichte und der damit verbundenen ärztlichen Visitationen u. a. auch ihr Augenmerk auf etwaige Vernachlässigung sogenannter Kost- oder Haltekinder zu richten, und ferner ist

3. durch Erlaß des Königl. Ministeriums des Innern an die Königl. Stadtdirektion Stuttgart, die Königl. Oberämter und Physikate, betr. den Schutz der in fremde Pflege gegebenen Kinder unter 6 Jahren vom 11. Juni 1880 unter Bezugnahme auf die sub Ziffer 1 und 2 genannten Erlasse angeordnet worden:

1. unmittelbar vor Vornahme der ärztlichen Visitationen der Gemeinden in Absicht auf Gesundheitspflege haben die Oberämter von den Ortsvorstehern ein Verzeichnis der in der Gemeinde befindlichen Kostkinder unter 6 Jahren einzuverlangen, welches durch den Ortsvorsteher unter Rücksprache mit dem Ortsgeistlichen anzulegen und durch das Oberamt bei Beginn der Visitation dem Oberamtsarzt zu übergeben ist;
2. der Oberamtsarzt hat sich diese Kostkinder bei der örtlichen Visitation vorstellen zu lassen, sich von deren Gesundheitszustand und Verpflegung, unter Umständen durch Einsichtnahme der Kosthäuser Kenntnis zu verschaffen und Vernachlässigungen in dieser Beziehung genau zu ermitteln;
3. der Oberamtsarzt hat außerdem zu erheben, ob seit der letzten ärztlichen Gemeindevisitation in der Gemeinde Kostkinder gestorben sind, von wem diese Kinder in Kost und Verpflegung übernommen waren, und welches die Ursache ihres Todes war.

Das Ergebnis dieser Erhebungen ist stets in das Protokoll aufzunehmen.

Laut Verfügung des Königl. Ministeriums des Innern vom 1. Juli 1885 hat die Visitation in Absicht auf Medizinalpolizei und öffentliche Gesundheitspflege in den einzelnen Oberämtern in der Regel alle 8 Jahre stattzufinden, während für die Stadt Stuttgart inkl. der Vororte ein sechsjähriger Zeitraum durch Ministerialerlaß vom 13. September 1889 vorgeschrieben ist.

Was die Unterbringung, Verpflegung (und auch Beaufsichtigung) der öffentlicher Armenfürsorge anheimgefallenen Kinder anlangt, so ist durch das Königl. Ministerium des Innern vom 30. Juli 1839 nachstehendes verfügt worden:

§ 1. In Spitälern, Armenhäusern und anderen zunächst nur für Erwachsene bestimmten Armenanstalten dürfen elternlose oder getrennt von ihren Eltern zu unterstützende Kinder nur dann untergebracht werden, wenn in der

Anstalt die zur Sicherung einer guten Erziehung erforderlichen Einrichtungen getroffen sind, und insbesondere für die Gesundheit und Sittlichkeit der Kinder keine Gefahr zu befürchten ist.

§ 2. Wenn Gemeinden die ihrer Fürsorge heimgefallenen Kinder in Privathäusern unterbringen wollen, so sind sie zwar nicht gehindert, die zur Aufnahme derselben geneigten Privaten, nötigenfalls im Wege öffentlicher Bekanntmachung, zu suchen und einen möglichst billigen Verpflegungsakkord abzuschließen.

Es ist jedoch mit Gewissenhaftigkeit darauf Bedacht zu nehmen, daß die Kinder vorzugsweise bei Personen untergebracht werden, welche als rechtschaffen bekannt sind und zu denen man überhaupt das Vertrauen haben kann, daß die Kinder bei ihnen in Beziehung auf ihr geistiges und leibliches Wohl gut beraten seien.

In den schriftlich abzuschließenden Kostakkorden ist ausdrücklich festzusetzen, daß

1. das Pflegekind von den Pflegeeltern hinreichend zu ernähren, zu kleiden und in kranken Tagen, wie die Angehörigen der Familie, zu verpflegen,
2. zum regelmäßigen Besuche der Kirche und Schule und zur Leistung der in letzterer gemachten Aufgaben anzuhalten,
3. zwar zu den seinem Alter und Geschlechte angemessenen häuslichen und Feldarbeiten, jedoch ohne Gefährdung des Unterrichts, der Gesundheit und Sittlichkeit des Kindes, anzuleiten und zu verwenden sei, und daß
4. das Kostgeld nur nach genauer Erfüllung des Akkords in angemessenen Raten bezahlt, im Falle der Nichterfüllung aber der Vertrag aufgekündigt und ein verhältnismäßiger Abzug am Kostgeld gemacht werde.

Da insbesondere das Gänse- und Viehhüten keine angemessene Beschäftigung für Kinder ist, so ist, wo diesfalls ein Mißbrauch stattfinden könnte, in dem Vertrage deshalb geeignete Vorsehung zu treffen.

Der entworfene Akkord unterliegt, wenn die Gemeinde das Kostgeld zu bestreiten hat, der Genehmigung der Ortsarmenbehörde.

§ 3. Jede Beratungsweise armer Kinder, bei welcher die Erreichung einer geordneten Erziehung nicht als wahrscheinlich zu erkennen ist, ist unzulässig und daher nötigenfalls von den Bezirksbehörden verbietend dagegen einzuschreiten.

§ 4. Von der Ortsarmenbehörde ist der Verpflegung und Beratung der Kinder, für welche die öffentliche Fürsorge der Gemeinde in Anspruch genommen ist, die gewissenhafteste Sorgfalt zu widmen und zu wirksamer Ausübung dieser Obliegenheit für jedes solche Kind aus der Zahl der Armenfreunde des Orts ein Aufseher zu bestellen, welcher darüber, daß bei dem Kinde weder in leiblicher noch in geistiger Hinsicht etwas versäumt werde, zu wachen — und der Ortsarmenbehörde von Zeit zu Zeit über dessen Betragen und Befinden zu berichten hat.

Auch hat dieser Aufseher die Zulässigkeit der Ausbezahlung des Kostgeldes zu beurkunden und die etwa nötige Änderung des Kostreichers zu beantragen. Nach vollendeten Schuljahren wird er sich noch weiter die Unterbringung und Ausbildung des Kindes angelegen sein lassen.

4. Baden.

Über die Beaufsichtigung der bei fremden Leuten gegen Entgelt untergebrachten Kinder unter 7 Jahren bestimmt § 98a des Badischen Polizeistrafgesetzbuchs:

„Durch Verordnung, bezirks- oder ortspolizeiliche Vorschriften kann eine Überwachung der entgeltlichen Verpflegung von Kindern unter 7 Jahren und kann insbesondere angeordnet werden, daß, wer solche Kinder gegen Entgelt zur Verpflegung übernimmt, hiervon der Ortspolizeibehörde Anzeige erstatten oder zu der Übernahme die Genehmigung der Ortspolizeibehörde erwirken muß.

„Der Bezirksarzt kann Personen, welche ihnen angehörige oder anvertraute Kinder in Bezug auf Aufsicht, Schutz, Verpflegung oder ärztlichen Beistand verwahrlosen, die entgeltliche Verpflegung von Kindern unter 7 Jahren untersagen.

„Wer diesen Verboten oder Anordnungen zuwiderhandelt, wird an Geld bis zu 50 Mark oder mit Haft bis zu 8 Tagen bestraft."

Eine Verordnung auf Grund des Abs. 1 dieser Gesetzbestimmung ist bisher nicht erlassen worden; dagegen sind in mehreren Amtsbezirken des Landes bezirks- oder ortspolizeiliche Vorschriften über die Überwachung der von Privatpersonen gegen Entgelt in Pflege gegebenen Kinder erlassen worden. Als Muster einer solchen schließen wir die bezirkspolizeiliche Vorschrift für den Amtsbezirk Karlsruhe vom 7. Juli 1897 ergebenst an. —

Bezüglich der entgeltlichen Verpflegung von Kindern über 7 Jahren ist der Polizeibehörde eine so weitgehende Überwachungsbefugnis nicht eingeräumt; es kann jedoch auch hinsichtlich dieser Kinder auf Grund des § 49 des Polizeistrafgesetzbuches durch Verordnung, bezirks- oder ortspolizeiliche Vorschrift eine Anzeigepflicht für die Pflegeeltern vorgeschrieben werden. § 49 Pol.Str.Ges.B. lautet:

„An Geld bis zu 20 Mark wird bestraft, wer den Verordnungen oder bezirks- oder ortspolizeilichen Vorschriften hinsichtlich der Anzeigen über Zuzug und Wegzug, über Beherbergung oder Aufnahme von Fremden, über Einstellung und Entlassung der Dienstboten und Gewerbsgehilfen oder über Wohnungsveränderungen zuwiderhandelt.

„Wer bei solchen Anlässen zur Täuschung der Behörde falsche Namens- oder andere falsche Angaben macht, wird an Geld bis zu 50 Mark oder Haft bis zu 8 Tagen bestraft."

Die auf Grund dieser gesetzlichen Bestimmung ergangene Verordnung des Ministeriums des Innern vom $\frac{\text{8. Mai 1883}}{\text{10. Dez. 1891}}$, das polizeiliche Meldewesen betreffend, schreibt für das ganze Land für Personen über 14 Jahren eine Meldepflicht beim Zuzug in eine Gemeinde bezw. Wegzug aus einer solchen sowie — in Städten von mindestens 3000 Einwohnern — bei Wohnungsänderungen vor; hinsichtlich der Personen unter dem bezeich-

5. Hessen.

a. Gesetz vom 10. September 1878, den Schutz der in fremde Verpflegung gegebenen Kinder unter sechs Jahren betreffend.

(Großherzogl. Hess. Reg.-Bl. Nr. 20.)

Artikel 1. Wenn ein Kind, außer im Wege der öffentlichen Armenpflege, vor vollendetem sechsten Lebensjahr bei Lebzeiten entweder der beiden Eltern oder eines Elternteils oder — falls das Kind unehelich geboren — seiner Mutter, außerhalb der elterlichen Wohnung gegen Entgelt in Verpflegung gegeben werden soll, so bedarf es hierzu der vorgängigen Genehmigung der Ortspolizeibehörde des Wohnorts desjenigen Elternteils, welcher das Kind in Pflege geben will.

Artikel 2. Bei der Entschließung über die Erteilung oder Versagung dieser Genehmigung ist in Betracht zu ziehen, ob nach allen Umständen, insbesondere nach den Persönlichkeiten und den Verhältnissen der gewählten Pfleger, zu erwarten ist, daß dem Kinde die gebührende Pflege und Fürsorge in jeder Beziehung zu Teil werde.

Die Genehmigung muß zurückgezogen werden, wenn sich diese Erwartung nicht bestätigt. In diesem Falle, sowie in dem Falle, wenn das Kind ohne polizeiliche Erlaubnis in Pflege gegeben war, muß dasselbe auf polizeiliche Anordnung alsbald aus der betreffenden Pflege zurückgenommen werden.

Artikel 3. Wird ein Kind entgegen der Vorschrift des Art. 1 in Pflege gegeben, oder der Vorschrift des Art. 2, Schlußsatz, zuwider nicht aus der Pflege zurückgenommen, so trifft die Eltern, sowie die etwaige Mittelsperson, welche das Kind in die Pflege gegeben hat, eine Geldstrafe von 40 bis 150 Mark. Sind mildernde Umstände vorhanden, so kann auf eine Geldstrafe von 20 Mark heruntergegangen werden.

Auch ist die nach Art. 1 dieses Gesetzes zur Erteilung der Genehmigung zuständige Ortspolizeibehörde befugt, in solchem Falle das Kind, bis für anderweite Pflege ordnungsmäßig gesorgt ist, zu den Eltern zurück- oder auch auf deren Kosten einstweilen in eine sonst geeignete Pflege verbringen zu lassen.

Artikel 4. Diejenigen Personen, welche ein fremdes Kind unter sechs Jahren gegen Entgelt in Pflege genommen haben, sind verpflichtet, ihrer Ortspolizeibehörde, sowie den von dieser beauftragten oder durch amtliche Instruktion hierzu berufenen Personen jederzeit Einblick in die Art der Verpflegung und den Zustand des Pflegekindes zu gewähren und jede geforderte Auskunft zu erteilen.

Im Weigerungsfalle trifft sie eine Geldstrafe von 40—150 Mark. Sind mildernde Umstände vorhanden, so kann auf eine Geldstrafe von 20 Mark heruntergegangen werden.

Artikel 5. Sobald ein Kind unter sechs Jahren in eine fremde Gemeinde in entgeltliche Pflege gegeben wird, haben die Eltern außerdem von dem wirklichen Wegzuge desselben ihrer Ortspolizeibehörde binnen 24 Stunden persönlich oder schriftlich die Anzeige zu machen.

Wer irgend ein ortsfremdes Kind im Alter unter sechs Jahren in Pflege bei sich aufnimmt, hat binnen gleicher Frist und in gleicher Weise dasselbe bei seiner Ortspolizeibehörde sowohl anzumelden, als auch bei zeitweiliger Unterbrechung derselben, unter Angabe, wohin das Kind verbracht wird, abzumelden, beziehungsweise den Tod anzuzeigen.

Zuwiderhandlungen gegen diese Vorschriften unterliegen einer Geldstrafe von 2 bis 30 Mark.

Artikel 6. Die Umwandlung der auf Grund des gegenwärtigen Gesetzes verhängten uneinbringlichen Geldstrafen in Haft erfolgt nach Maßgabe des Art. 2 Ziffer 5 des Gesetzes vom 10. Oktober 1871, betreffend den Übergang zu dem Strafgesetzbuch für das Deutsche Reich.

Artikel 7. Der zweite Absatz des Artikels 86 des Polizeistrafgesetzes ist aufgehoben.

---

b. Instruktion für die Großherzoglichen Kreisämter, Kreisgesundheitsämter, delegierten Kreisärzte und Ortspolizeibehörden zur Ausführung des Gesetzes vom 10. September 1878, betreffend den Schutz der in fremde Verpflegung gegebenen Kinder unter sechs Jahren (Reg.-Blatt I Seite 118).

(Aus dem Regierungsblatt Nr. 17 von 1880.)

§ 1. Zuständige Behörden.

Die Aufsicht über den Vollzug des Gesetzes vom 10. September 1878, betreffend den Schutz der in fremde Pflege gegebenen Kinder unter sechs Jahren, liegt den Großherzoglichen Kreisämtern unter Zuziehung der Kreisgesundheitsämter (bezw. der delegierten Kreisärzte, welchen für ihre Delegationsbezirke die entsprechenden Dienstfunktionen der Kreisgesundheitsämter hierdurch übertragen werden) ob. Unter Leitung und Aufsicht der Kreisämter ist die Überwachung des Pflegwesens innerhalb der einzelnen Gemeinden Pflicht der Ortspolizeibehörden, welche sich hierbei der Mitwirkung der Ärzte (wo solche vorhanden sind zunächst der Gemeinde- und Armenärzte), sowie der zu erhoffenden freiwilligen Beihilfe der Ortsgeistlichkeit und der für diese oder ähnliche Zwecke bereits bestehenden oder sich bildenden Vereine bedienen werden.

§ 2. Inhalt der Schutzvorschriften.

Nach der Vorschrift des Gesetzes erstreckt sich die Überwachung der Polizeibehörden im allgemeinen auf alle in fremder Pflege befindlichen Kinder unter 6 Jahren. In Bezug auf die Art und das Maß dieser Überwachung findet jedoch folgender Unterschied statt:

1. Diejenigen Personen, welche ein fremdes Kind unter 6 Jahren — einerlei ob dasselbe ortsfremd ist oder nicht — gegen Entgelt in Pflege nehmen, unterliegen einer amtlichen Überwachung dieser ihrer Pflege, sie sind verpflichtet, ihrer Ortspolizeibehörde, sowie den von dieser beauftragten oder durch amtliche Instruktion hierzu berufenen Personen jederzeit Einblick

in die Art der Verpflegung und den Zustand des Pflegekindes zu gewähren und jede geforderte Auskunft zu erteilen (Art. 4 des Gesetzes).

2. Bei allen ortsfremden Pflegekindern unter 6 Jahren ist seitens der Pflegeeltern binnen 24 Stunden der Ortspolizeibehörde sowohl die Aufnahme, als auch die Beendigung oder zeitweilige Unterbrechung der Pflege (unter Angabe, wohin das Kind verbracht wurde) persönlich oder schriftlich anzumelden beziehungsweise der Tod anzuzeigen (Art. 5 Abs. 2 des Gesetzes). Diese Vorschrift gilt auch bei unentgeltlicher Inpflegenahme.

Beide vorstehende Bestimmungen beziehen sich sowohl auf solche Kinder, welche von ihren Eltern, als auch auf solche, welche von ihrem Vormunde oder auf Kosten der Landeswaisenkasse oder endlich im Wege der öffentlichen Armenpflege in fremde Pflege gegeben werden. Sie beziehen sich ferner auch auf Kinder, welche im Großherzogtum nicht staatsangehörig sind, und zwar selbst dann, wenn ihre Eltern und Vormünder im Auslande wohnen.

3. In dem besonderen Falle, wenn ein Kind unter 6 Jahren schon bei Lebzeiten der Eltern (beziehungsweise eines Elternteils und, wenn es sich um ein uneheliches Kind handelt, bei Lebzeiten der Mutter) in fremde Pflege — außerhalb oder innerhalb des Wohnorts der Eltern — gegeben werden soll, tritt, vorausgesetzt, daß es sich um entgeltliche Pflege handelt (also nicht etwa z. B. um unentgeltliche Inpflegenahme des Kindes seitens naher Angehörigen) noch das weitere gesetzliche Erfordernis hinzu, daß die vorgängige Genehmigung der Ortspolizeibehörde desjenigen Elternteils, welcher das Kind in Pflege geben will, eingeholt werden muß (Art. 1 des Gesetzes), und wenn ein solches Kind in eine fremde Gemeinde in entgeltliche Pflege gebracht werden soll, so müssen die Eltern außerdem, nach ausgewirkter Konzession, demnächst auch noch von dem wirklichen Wegzug des Kindes ihrer Ortspolizeibehörde binnen 24 Stunden persönlich oder schriftlich die Anzeige machen. (Art. 5 Abs. 1 des Gesetzes.) Diese Vorschriften finden nur dann keine Anwendung, wenn ein Kind zwar bei Lebzeiten der Eltern oder eines Elternteils, aber im Wege der öffentlichen Armenpflege (also durch die Vertretung eines Armenverbands) in fremder Pflege untergebracht werden muß.

Im übrigen aber kommt nichts darauf an, ob das Kind und seine Eltern im Großherzogtum staatsangehörig sind; auch für die Inpflegegebung eines nichthessischen Kindes muß die Genehmigung der hessischen Polizeibehörde des Wohnorts nach dem Gesetze eingeholt werden, sobald nur die Eltern oder der betreffende Elternteil im Großherzogtum ihren Wohnort haben.

Nur dann, wenn die Eltern des Kindes auch im Auslande wohnen, muß von dem Erfordernis einer besonderen polizeilichen Genehmigung abgesehen werden. Dagegen tritt auch in diesem Fall die Überwachung der Verpflegung des Kindes durch die inländische Polizeibehörde am Pflegeorte (nach § 2 Ziffer 1 und §§ 9 ff.) ein.

§ 3. **Meldepflicht der Pflegeeltern von ortsfremden Kindern.**

Die Ortspolizeibehörden haben darauf zu achten, daß ihnen die in § 2 Ziffer 2 dieser Instruktion erwähnten Anzeigen von der Aufnahme, dem zeitweisen oder gänzlichen Wegzug — oder dem Tod — aller ortsfremden Pflegekinder ohne Ausnahme (also einerlei, von wem die Kinder in Pflege gegeben wurden, und einerlei, ob die Pflege unentgeltlich oder gegen Entgelt geleistet wird) seitens der Pflegeeltern innerhalb der gesetzlichen Frist gemacht werden. Zuwiderhandlungen sind zur gerichtlichen Bestrafung gemäß Art. 5 Abs. 3 des Gesetzes (Geldstrafandrohung von 2—30 Mark) anzuzeigen.

§ 4. Abmeldepflicht der Eltern.

In gleicher Weise haben die Ortspolizeibehörden des Wohnorts von Eltern, welche ein Kind unter 6 Jahren zu unentgeltlicher Pflege in eine fremde Gemeinde geben, darauf zu achten, daß diese ihnen die in § 2 Ziffer 3 dieser Instruktion angeführte Anzeige des wirklichen Wegzugs rechtzeitig machen, und Verfehlungen hiergegen ebenfalls zu gerichtlicher Bestrafung gemäß Art. 5 Abs. 3 des Gesetzes (Strafandrohung wie oben) abzugeben.

§ 5. Pflicht zur Einholung besonderer polizeilicher Genehmigung.

1. Die nach Art. 1 des Gesetzes erforderliche vorgängige Genehmigung zur Pflegegebung eines jeden Kindes, welches — außer im Wege der öffentlichen Armenpflege — vor vollendetem 6. Lebensjahre bei Lebzeiten entweder der beiden Eltern oder eines Elternteils oder — falls das Kind unehelich geboren — seiner Mutter, außerhalb der elterlichen Wohnung — sei es in der Gemeinde selbst, oder außerhalb derselben im Inland, oder im Ausland — gegen Entgelt in Verpflegung gegeben werden soll, ist von der Ortspolizeibehörde des Wohnorts desjenigen Elternteils zu erteilen, welcher das Kind in Pflege geben will.

Sie ist (nach § 2 a. E.) bei dieser Polizeibehörde auch dann zu erwirken, wenn der Elternteil, welcher das Kind in Pflege geben will, nur im Großherzogtum wohnt, aber nicht Inländer ist.

2. Wenn ein Kind zwar bei Lebzeiten beider Eltern oder eines Elternteils, aber im Wege der offentlichen Armenpflege, oder wenn ein Waisenkind (insbesondere auch ein uneheliches Kind nach dem Tode der Mutter), sei es durch den Vormund, sei es auf Kosten der Landeswaisenanstalt, in fremde Pflege gegeben werden muß, dann ist nach Art. 1 des Gesetzes eine polizeiliche Genehmigung überhaupt nicht erforderlich. Ihre Stelle vertritt in diesen Fällen die Prüfung und Anordnung bezw. Genehmigung der Inpflegegebung durch die zuständige staatliche, kommunale oder gerichtliche (obervormundschaftliche) Behörde.

Damit übrigens die vorschriftsmäßige ständige Überwachung der Pflege auch dieser Kinder (s. u. §§ 9 f.) gleich von vornherein eingeleitet werden könne, werden von der Inpflegegebung von Waisen (in oder außerhalb des Wohnorts ihrer verstorbenen Eltern), wenn diese auf Kosten der Vormundschaft oder der Angehörigen erfolgt, die obervormundschaftlichen Behörden, und wenn solche auf Rechnung der Landeswaisenkasse erfolgt, die betreffenden Kreisämter der Ortspolizeibehörde des Pflegeorts jedesmals alsbald amtliche Mitteilung machen.

Gleiche Mitteilung hat die Vertretung eines Armenverbands an diese Polizeibehörde zu machen, wenn ein Kind unter 6 Jahren im Wege der Armenpflege in fremde Pflege gegeben wird.

3. Die Ortspolizeibehörden sowohl der Pflegeorte als der elterlichen Wohnorte haben genau darauf zu achten, daß kein Kind unter 6 Jahren bei Lebzeiten eines Elternteils ohne die nach obigem erforderliche polizeiliche Genehmigung in fremde entgeltliche Pflege gegeben wird. Sollte dies dennoch vorkommen, so hat die Ortspolizeibehörde des Wohnorts der Eltern unverzüglich anzuordnen, daß das Kind alsbald aus der betreffenden Pflege zurückgenommen werde (Art. 2 des Gesetzes); auch ist dieselbe in solchem Falle befugt, das Kind, bis für anderweite Pflege ordnungsmäßig gesorgt ist, sofort zu den Eltern zurückbringen, oder — wo dies nicht tunlich sein sollte, weil vielleicht die Eltern selbst dem Kinde kein Unterkommen bieten können — auch auf Kosten der Eltern einstweilen in eine sonst geeignete Pflege verbringen zu lassen. (Art. 3 Abs. 2 des Gesetzes.) Zugleich ist bei einem solchen Vorkommnisse gerichtlicher Strafantrag gegen die Eltern gemäß Art. 3 Abs. 1 des Gesetzes zu erheben. (Strafandrohung 40 — bei mildernden Umständen 20 — bis 150 Mark.)

4. Da erfahrungsgemäß die Verbringung von Kindern, zumal von Säuglingen, in fremde Pflege und der Abschluß von Pflegeverträgen häufig nicht von den Eltern selbst, sondern durch Mittelspersonen, insbesondere durch Hebammen, Inhaber von Privatentbindungshäusern ɾc., vollzogen wird, sodaß die Eltern selbst manchmal sogar für den Strafrichter unauffindbar oder unerreichbar sind, so hat das Gesetz auch diese Mittelspersonen für die Beobachtung der obigen Schutzvorschriften bei Hingebung eines Kindes in Pflege verantwortlich gemacht und zwar bei gleicher Strafandrohung (20—150 Mark) wie für die Eltern selbst. (Art. 3 Abs. 1 des Gesetzes.) Eintretenden Falls ist also auch gegen solche Mittelspersonen Strafantrag zu erheben.

5. Es könnte vielleicht von Eltern oder Pflegeeltern der Versuch gemacht werden, die für Pflegekinder in entgeltlicher Pflege erlassenen gesetzlichen Schutzvorschriften (über Einholung der Genehmigung und über ständige Beaufsichtigung der Pflege) zu umgehen und sich den Aufsichtsmaßregeln zu entziehen, insbesondere etwa dadurch, daß ein wirklich bestehender entgeltlicher Pflegevertrag verleugnet oder dafür ein nur zum Schein aufgestellter Vertrag, in welchem kein Entgelt ausbedungen ist, vorgeschoben wird. Es versteht sich von selbst, daß die Ortspolizeibehörden auch auf solche Manipulationen ihr Augenmerk richten und eintretenden Falls nach Ermittlung des wahren Sachverhältnisses nachdrücklich, namentlich auch mit gerichtlicher Strafanzeige wie bei offener Mißachtung des Gesetzes, dagegen einschreiten werden.

§ 6. Voraussetzung für die Erteilung dieser Genehmigung.

Bei der Entschließung über die Erteilung oder Versagung dieser Genehmigung hat die Ortspolizeibehörde in Betracht zu ziehen, ob nach allen Umständen, insbesondere nach den Persönlichkeiten und Verhältnissen der gewählten Pfleger zu erwarten ist, daß dem Kinde die gebührende Pflege und Fürsorge in jeder Beziehung zu teil werde. (Art. 2 des Gesetzes.) Sie wird demgemäß die Pflegebegebung eines Kindes nur dann gestatten, wenn die Pflegeeltern gut beleumundete, in geordneten häuslichen Verhältnissen lebende Personen sind, von welchen man sich versehen kann, daß sie, gleichwie bei den eignen Kindern, für das Wohl der ihnen anvertrauten Pfleglinge besorgt sind, und welche in jeder Hinsicht Gewähr dafür bieten, daß sie ihre Pflegekinder gewissenhaft abwarten, beaufsichtigen und erziehen.

Außerdem müssen die Pflegeeltern im Besitze gesunder Wohnungen mit den ausreichenden Räumlichkeiten sich befinden, worüber in Zweifelsfällen das Gutachten des Arztes zu hören ist. Mehr als 2 Pfleglinge sollen sich in der Regel gleichzeitig in einer und derselben Pflege nicht befinden.

§ 7. Einziehung der nötigen Erkundigungen.

Soll das Kind in eine fremde Gemeinde (des In- oder Auslandes) in entgeltliche Pflege gegeben werden, so hat die Polizeibehörde des Wohnorts des vergebenden Elternteils mit der Polizeibehörde am Orte der Pflege sich zu benehmen und von dieser die nötigen Erhebungen über das Vorhandensein der in § 6 vorgeschriebenen Bedingungen nach Anleitung des angebogenen Fragebogens (Formular I.) zu veranlassen, bevor die Genehmigung erteilt werden kann.

§ 8. Erteilung, Verweigerung und Widerruf der Genehmigung.

Die polizeiliche Genehmigung der Pflegebegebung wird schriftlich erteilt. Dabei ist den Eltern zu eröffnen, daß die Genehmigung nach der bestimmten Vorschrift des Gesetzes (Art. 2 Abs. 2) wieder zurückgezogen werden müsse, falls die bei derselben vorausgesetzte Erwartung einer in jeder Beziehung genügenden Pflege und Fürsorge für das Kind durch die Pflegeeltern sich nicht bestätigen sollte (Art. 2 des Gesetzes), und daß die Fortdauer der Genehmigung deshalb auch dann in Frage kommen werde, wenn in den zur Zeit bestehenden Verhältnissen, insbesondere des Familienstandes oder der Wohnung ꝛc., der Pflegeeltern eine Veränderung eintreten sollte. Die Ortspolizeibehörde, welche die Genehmigung zu einer Pflegebegebung erteilt, hat davon alsbald der Polizeibehörde des künftigen Pflegeortes des Kindes in amtlicher Form Mitteilung zu machen und darauf zu achten, daß demnächst seitens der Eltern auch die Anzeige von dem wirklichen Wegzug des Kindes rechtzeitig erstattet wird (§ 4).

Wird eine nachgesuchte Genehmigung versagt, so ist der Abschlag auf Verlangen dem Nachsuchenden ebenfalls schriftlich zu behändigen.

Wenn sich die Ortspolizeibehörde, welche eine Genehmigung erteilt hatte, veranlaßt sieht, dieselbe zurückzuziehen, so hat sie zugleich die Eltern sowie die etwaige Mittelsperson, welche das Kind in Pflege gegeben hat, — siehe § 5 am Ende — aufzufordern, das Kind alsbald aus der betreffenden Pflege zurückzunehmen. Im Falle diese Verfügung nicht befolgt wird, ist jene Polizeibehörde befugt, das Kind, bis für anderweite Pflege ordnungsmäßig gesorgt ist, zu den Eltern zurück-, oder auch (wenn diese dem Kinde kein Unterkommen bieten können) auf deren Kosten in eine sonstige geeignete

Pflege verbringen zu lassen. Zugleich trifft im Falle der Säumigkeit in Befolgung jener Verfügung die Eltern sowie die etwaige Mittelsperson, welche das Kind in Pflege gegeben hat, die in § 5 erwähnte Geldstrafe von 20—150 Mark (Artikel 3 des Gesetzes).

§ 9. Ständige Überwachung aller in entgeltliche Pflege gegebenen inländischen oder ausländischen, einheimischen oder ortsfremden Kinder unter 6 Jahren.

a. Register.

Über sämtliche in einer Gemeinde in entgeltliche Pflege gelangenden Kinder unter 6 Jahren, einerlei ob dieselben ortsfremd sind oder nicht, ob sie im Großherzogtum staatsangehörig sind oder nicht, und ohne Unterschied, von wem sie in Pflege gegeben wurden (also eben sowohl über die von ihren Eltern wie auch über die von ihrem Vormund oder auf Kosten der Landeswaisenkasse oder im Wege der öffentlichen Armenpflege in fremde Pflege gegebenen Kinder), haben die Ortspolizeibehörden fortlaufende Register nach dem hier beiliegenden Muster (Formular II.) zu führen.

In dieses Register sind ortsfremde Pflegekinder einzutragen, sobald die Anzeige von ihrer Aufnahme seitens der Pflegeeltern (§ 2 Ziffer 2 und § 3) oder aber die Mitteilung von der Polizeibehörde des seitherigen Aufenthalts= ortes der Kinder (§ 8 Abs. 2), bezw. bei Waisen und Armenpflegekindern die Mitteilung der in § 5 Ziffer 2 genannten Behörden, einlangt; orts= angehörige Pflegekinder aber, sobald entweder eine polizeiliche Genehmigung zur Inpflegebung gemäß §§ 5—8 erteilt wurde, oder die Ortspolizeibehörde (wie bei Waisen und bei der Armenpflege anheim gefallenen Pflegekindern) auf die in § 5 Ziffer 2 bezeichnete Weise von der Inpflegegebung Kenntnis erhält.

Den Zugang jedes Pfleglings hat die Ortspolizeibehörde innerhalb der ersten 4 Wochen unter genauer Angabe der vorstehend aufgeführten Einzel= heiten dem einschlägigen Kreisgesundheitsamt hier oder — wo ein solcher im Bezirke vorhanden ist — dem delegierten Kreisarzte anzuzeigen.

§ 10. Fortsetzung.
b. Belehrung der Pflegeeltern.

Diejenigen Personen, welche ein fremdes Kind unter 6 Jahren gegen Entgelt in Pflege genommen haben, sind von ihrer Ortspolizeibehörde zu bedeuten, daß sie verpflichtet sind, ihr, sowie den von ihr beauftragten oder durch amtliche Instruktion hierzu berufenen Personen jederzeit Einblick in die Art der Verpflegung und den Zustand des Pflegekindes zu gewähren und jede geforderte Auskunft zu erteilen. (Art. 4 des Gesetzes.)[1]

§ 11. Fortsetzung.
c. Persönliche Aufsicht und Revisionen.

Die Ortspolizeibehörde hat sämtliche in der Gemeinde gegen Entgelt untergebrachten Pflegekinder zu beaufsichtigen und darüber zu wachen, daß

---

[1] Im Weigerungsfalle trifft die Pflegeeltern, nach der oben angeführten Ge= setzesstelle, eine Geldstrafe von 40 (bei mildernden Umständen 20) bis 150 Mark.

ihnen die gebührende Pflege und Fürsorge zu teil werde und daß insbesondere bei etwaiger Erkrankung die Hilfe eines approbierten Arztes nicht fehle. Von dem Zustande der Wohnung, der Art der Verpflegung und Ernährung, der Behandlung und Erziehung wird dieselbe durch zeitweilige Besuche sich Überzeugung verschaffen und darauf hinwirken, daß die Ortsgeistlichkeit und schon bestehende oder zu diesem Zwecke sich bildende (Frauen=) Vereine freiwillig an der Überwachung der Pflegekinder (in geordneter Weise) sich beteiligen, wie dies seit einiger Zeit bei der Beaufsichtigung der Pflege von Landeswaisen bereits mit gutem Erfolg geschehen ist. Die Aufsicht soll die Eltern und Vormünder, sowie die obervormundschaftlichen und Armenpflegschaftsbehörden in der diesen obliegenden Fürsorge für die Pflegekinder unterstützen. Bei der Ausübung jener Aufsicht ist darum im allgemeinen der Gesichtspunkt festzuhalten, daß zu einer sorgfältigen Überwachung umsomehr Anlaß vorliegt, je mehr das Kind ohne zwingende Gründe in fremde Pflege hinausgegeben worden ist, also zumal dann, wenn die Eltern desselben noch leben und ihrer natürlichen Verpflichtung, das Kind selbst zu verpflegen und zu erziehen, nachzukommen imstande wären, während umgekehrt die amtliche Überwachung der Pflege umso schonender sein kann, je mehr die Inpflegegebung (wie bei Waisen) unvermeidlich war und je mehr die Pflege, z. B. durch verwandtschaftliche oder sonstige nahe Beziehungen der Pflegeeltern zu dem Kinde, der elterlichen Pflege sich nähert, oder auf seiten der Pflegeeltern edlere Beweggründe, als Erwerb, bei der Inpflegenahme vorwalten. Von dieser Anschauung ist auch das Gesetz geleitet worden, indem es bei denjenigen Pflegekindern, welche unentgeltlich in Pflege genommen worden sind, eine besondere polizeiliche Fürsorge überhaupt, als unnötig, ausgeschlossen, diese Pflegeeltern von polizeilicher Überwachung ganz frei gegeben hat. (Art. 4 des Gesetzes.)

§ 12. Insbesondere ärztliche Überwachung.

Insbesondere wird die Ortspolizeibehörde außer den genannten Personen einen Arzt, und zwar tunlichst den in der Gemeinde fungierenden Arzt, Gemeindearzt oder Armenarzt, mit der Überwachung der einzelnen Pflegekinder beauftragen und denselben zu diesem Behufe von dem Zugange jedes Pflegekindes in der Gemeinde, unter Bezeichnung der Pflegeeltern und der Wohnung derselben, innerhalb der ersten 3 Tage von der erfolgten Anmeldung in Kenntnis setzen.

Die Kosten dieser ärztlichen Überwachung erscheinen als Kosten der lokalen Polizeiverwaltung. Den Gemeindevorständen ist übrigens anzuempfehlen, daß sie wegen Übernahme dieser Funktionen und wegen Vergütung für dieselben mit einem Arzte (Gemeinde= oder Armenarzte) in Form von Aversionalverträgen übereinkommen, am zweckmäßigsten in der Weise, daß das Honorar hierfür in der Gesamtvergütung, welche dem Gemeindearzt aus der Gemeindekasse geleistet wird, einbegriffen bleibt.

§ 13. Fortsetzung.

Der bestellte Arzt hat innerhalb weiterer 5 Tage von der ihm zugegangenen Anzeige ab den Pflegling und die Verhältnisse seiner Verpflegung zu besichtigen. Diese Einsichtnahme ist in Zwischenräumen von längstens je 3 Monaten zu wiederholen. Der Arzt wird hierbei seine Aufmerksamkeit auf die Beschaffenheit der Wohnung, insbesondere der Schlafräume, die Bettung, Ernährungsweise, Hautpflege und den Gesundheitszustand des Pfleglings im ganzen und einzelnen richten.

Es bleibt übrigens dem Ermessen der Ortspolizeibehörde überlassen, in entsprechenden Fällen den Arzt zu häufigeren Untersuchungen heranzuziehen.

§ 14. Fortsetzung.

Über den jedesmaligen Befund des Pfleglings und die Art der Abwartung und Pflege desselben hat der Arzt — sofern nicht bei den Besuchen Tatsachen konstatiert worden sind, welche eine anderweite protokollarische oder schriftliche Anzeige bei der Ortspolizeibehörde erfordern, weil sie zur Zurückziehung der erteilten Genehmigung veranlassen können, oder weil sie unter das Strafgesetz fallen — einen Eintrag in dem bei der letzteren zu führenden Überwachungsbogen (§ 17) zu machen und zwar mit Angabe des Tages der Untersuchung, sowie unter Beifügung seiner Namensunterschrift (oder seines Handzeichens).

In demselben Bogen hat der Arzt kurze Vormerkungen über die Anträge niederzulegen, zu denen er sich etwa veranlaßt gefunden hat und welche er mündlich bei der Ortspolizeibehörde näher begründen wird.

§ 15. Mitwirkung des Kreisarztes.

Die Kreisgesundheitsämter — bezw. delegierten Kreisärzte — sind beauftragt, die Pflegekinder in den Gemeinden ihres Kreises, von deren Aufnahme sie jeweilig durch die Ortspolizeibehörden benachrichtigt werden (§ 9), bei sich bietender Gelegenheit, jedenfalls aber einmal im Laufe des Jahres, bei den Pflegeeltern zu besichtigen und hierbei von der Art der Wartung und Pflege und dem Gesundheitszustand der Pfleglinge Kenntnis zu nehmen. Bei ihren Besuchen werden sie sich den Überwachungsbogen von den Bürgermeistern vorlegen lassen, von diesem Einsicht nehmen und ebenfalls den Vermerk über das Ergebnis ihrer Untersuchung und etwaige Anträge mit Beifügung ihrer Unterschrift (oder ihres Handzeichens) eintragen. In den an die vorgesetzte Behörde zu erstattenden Jahresberichten haben die Kreisärzte über den Stand des Pflegewesens in ihrem Bezirke und über ihre Wahrnehmungen in dieser Beziehung, sowie auch über die in ihren Bezirken üblichen Pflegegeldersätze, eingehend zu berichten (vergl. weiter unten § 17). Die Vorschriften der Ministerialbekanntmachung vom 6. Januar 1880, betreffend die ärztliche Behandlung erkrankter Waisenkinder 2c. (Reg.-Blatt S. 30) bleiben überall fortbestehen.

§ 16. Verfahren beim Ableben eines Pflegekindes.

Bei dem Ableben eines in entgeltlicher Pflege befindlich gewesenen Pflegekindes hat die Ortspolizeibehörde von den Pflegeeltern (neben der nach § 3 bei ortsfremden Pflegekindern unter Strafandrohung vorgeschriebenen besonderen Meldung) in allen Fällen die Vorlage eines Todeszeugnisses zu verlangen, welches von einem approbierten Arzte ausgefertigt sein muß und in welchem soweit möglich die Veranlassung der Krankheit und die Ursache des Todes genau und ausführlich angegeben sein müssen. Unter Beischluß einer Abschrift dieses Todeszeugnisses und des Überwachungsbogens hat die Ortspolizeibehörde den Todesfall des Pflegekindes jedesmal alsbald an das bezügliche Kreisamt einzuberichten. Die letztere Behörde hat dann in sorgfältige Erwägung zu ziehen, ob nach allen Umständen weitere Ermittelungen und event. die Veranlassung gerichtlicher Schritte bezüglich der Todesart des Kindes angezeigt erscheinen.

§ 17. Überwachungsbogen.

Über jedes zu überwachende Pflegekind (siehe § 2 Ziffer 1 und 2) hat die Polizeibehörde einen gesonderten Überwachungsbogen nach Anleitung des anliegenden Formulars III zu führen. Dieselben sollen einerseits zur Kontrolle darüber dienen, ob die vorgeschriebenen Revisionen der Pflegekinder richtig vorgenommen werden, andererseits zur Feststellung der Ergebnisse dieser Revisionen. In diese Bogen tragen die Ortspolizeibeamten (§ 11), die Ärzte und Kreisärzte (§§ 14, 15) sowie die bei der Beaufsichtigung mitwirkenden Geistlichen und sonstigen Personen ihre Bemerkungen und Anträge kurz ein. Der Bogen ist auch den Eltern, Vormündern und sonstigen interessierten Angehörigen des Pflegekindes auf Anstehen zur Einsicht vorzulegen und den obervormundschaftlichen 2c. Behörden auf Anstehen Abschrift desselben gegen Ersatz der Kopialgebühren zu erteilen. In der vorletzten Rubrik desselben vermerkt die Ortspolizeibehörde auch die auf Grund ihrer eigenen Wahrnehmungen oder der Mitteilungen und Anträge der bei der Überwachung mitwirkenden Personen von ihr getroffenen Verfügungen.

Im Monat Dezember jeden Jahres sind die Überwachungsbogen über alle Kinder, welche im Laufe des Jahres in Pflege sich befunden haben (also auch über die während des Jahres verzogenen oder verstorbenen Kinder), dem Kreisamte zur Einsichtnahme und Prüfung einzusenden, welches, nachdem es sich von der ordnungsmäßigen Handhabung der Pflegeaufsicht durchaus überzeugt beziehungsweise die desfalls etwa nötige Remedur hat eintreten lassen und die in § 20 unten erwähnte Zusammenstellung daraus gefertigt hat, die fraglichen Bogen in der letzten Spalte mit seinem Visa versieht und dieselben sodann vor Jahresschluß dem Kreisgesundheitsamte übersendet. Letzteres schickt dieselben, nachdem es sich die erforderlichen Notizen für seinen Jahresbericht (§ 15 a. E.) daraus gefertigt hat, noch im Monat Januar an die Ortspolizeibehörden zurück.

§ 18. Verfahren bei Beendigung des Pflegeverhältnisses.

Mit der Erreichung des sechsten Lebensjahres durch das Pflegekind sowie bei Beendigung der Pflege vor vollendetem sechsten Lebensjahre des Pfleglings hat die Ortspolizeibehörde den geführten Überwachungsbogen abzuschließen, denselben jedoch mit den übrigen im § 17 im nächsten Dezember an das Kreisamt miteinzusenden. Demnächst verbleibt der Bogen bei den Akten der Polizeibehörde des Pflegeortes, damit insbesondere auf Grund seines Inhalts künftige Erkundigungen über die betreffenden Pflegeeltern beantwortet werden können.

Falls der Pflegling vor vollendetem sechsten Lebensjahre in eine andere Gemeinde zu fremder Pflege verbracht werden soll, wird die Polizeibehörde des seitherigen derjenigen des künftigen Pflegeorts hiervon, unter Bezeichnung der — aus der Abmeldung der seitherigen Pflegeeltern (§ 2 Ziffer 2 und § 3) zu entnehmenden — neuen Pflegeeltern (nach Namen und Wohnung), sofort Mitteilung machen.

§ 19. Verfahren bei Mißständen und bei Zuwiderhandlungen gegen das Gesetz.

In allen Fällen, in welchen Pflegeeltern den ihnen nach den Bestimmungen des Gesetzes obliegenden Verpflichtungen zuwiderhandeln, hat die Ortspolizeibehörde einzuschreiten und bei Handlungen und Unterlassungen, welche unter das Strafgesetz fallen, die gerichtliche Verfolgung zu veranlassen, nötigenfalls auch die Mitwirkung der Polizeiverwaltungsbehörde zu beanspruchen.

Wenn die Ortspolizeibehörde des Pflegeorts nach den gemachten Wahrnehmungen über den Zustand des Kindes ꝛc. der Ansicht ist, daß sich die Erwartung gehöriger Pflege des Kindes bei den gewählten Pflegeeltern nicht bestätigt habe, oder wenn in den Familien=, Wohnungs= oder Erwerbsverhältnissen der Pflegeeltern solche Veränderungen eintreten, welche es zweifelhaft machen, ob dem Kinde bei jenen auch fernerhin die gebührende Pflege und Fürsorge werde zu Teil werden, so hat, wenn es sich um ein Kind handelt, welches bei Lebzeiten der Eltern oder eines Elternteils in Pflege gegeben wurde, jene Behörde alsbald die geeigneten Mitteilungen an die Ortspolizeibehörde des Wohnorts der Eltern gelangen zu lassen, damit letztere in Erwägung ziehen kann, ob die erteilte Genehmigung der Inpflegegebung zurückzuziehen ist. (S. § 8.)

§ 20. Jährliche Zusammenstellungen über die in entgeltlicher Pflege befindlichen Kinder.

Sobald das Kreisamt im Monat Dezember jeden Jahres die Überwachungsbogen empfängt (§ 17), hat es daraus eine kreisweise Zusammenstellung nach dem hier beigefügten Formular IV. anzufertigen und an uns im Januar jeden Jahres einzusenden.

§ 21. Aufsicht der Kreisämter.

Die Großherzoglichen Kreisämter, welchen im übrigen nach § 1 die Aufsicht über den Vollzug des rubrizierten Gesetzes obliegt, werden sich demgemäß auch über die Beobachtung gegenwärtiger Instruktion seitens der Lokalpolizeibehörden verlässigen und insbesondere auch von der regelmäßigen Überwachung der Pflegekinder seitens der Ortspolizeibehörden und deren Organe überzeugen.

Darmstadt, den 14. Mai 1880.

Großherzogliches Ministerium des Innern und der Justiz.

v. Starck.   Schaum.

6. Sachsen-Weimar.

Verordnung zur Regelung des Pflegekinderwesens auf Grund des Gesetzes vom 7. Januar 1854.

§ 1. Wer ein noch nicht sieben Jahre altes Kind, gegen Entgelt oder sonstige Vergütung, zur Pflege und Erziehung bei sich aufnehmen will, bedarf hierzu, und zwar in jedem einzelnen Falle, der Erlaubnis der Ortspolizeibehörde und hat dieselbe vor der Aufnahme des Kindes, spätestens 24 Stunden nachher, unter Nachweis alles auf den Personenstand des Kindes Bezüglichen, sowie die Bedingungen des Aufnahmevertrages, nachzusuchen.

§ 2. Ausgenommen von der Verpflichtung zur Einholung solcher Erlaubnis, sowie von der in dieser Verordnung geregelten besonderen Beaufsichtigung sind nur:
a) nächste Verwandte oder gerichtlich bestellte Vormünder des Pflegekindes,
b) diejenigen Personen, welche in Gemäßheit eines mit dem Armenverbande ihres Wohnortes oder mit dem Landarmenverbande oder mit dem Direktorium der allgemeinen Waisenversorgungsanstalt abgeschlossenen Vertrages das Kind bei sich aufnehmen.

Gleichwohl haben auch diese Personen ihre Pflegekinder nach den ortspolizeilichen Vorschriften an- und abzumelden.

§ 3. Die Erlaubnis für Aufnahme eines Pflegekindes wird stets nur bis auf Widerruf und lediglich solchen Personen erteilt, die gut beleumundet sind, in geordneten häuslichen Verhältnissen leben, eine gesunde Wohnung innehaben und zu denen man sich versehen kann, daß sie das Kind gewissenhaft abwarten, beaufsichtigen und erziehen werden. Auch soll niemand mehr als höchstens drei Pflegekinder zu gleicher Zeit bei sich in Pflege haben dürfen. Bei dem Vorhandensein dieser Erfordernisse fertigt die Ortspolizeibehörde den Pflegeeltern einen Erlaubnisschein kostenfrei aus. Ist aber einem oder dem andern der obigen Erfordernisse nicht genügt, so wird die Erlaubnis versagt und die Ortspolizeibehörde hat herbeizuführen, daß das Kind, wenn es bereits in die Pflege der betreffenden Personen gegeben sein sollte, alsbald wieder derselben entnommen wird. Letzteres liegt der Ortspolizeibehörde auch ob, wenn sie, durch Änderung in den Verhältnissen der Pflegeeltern, verpflichtet wird, die früher erteilte Erlaubnis zu widerrufen.

§ 4. Die Pflegeeltern sollen gleich leiblichen Eltern für das Wohl des ihnen anvertrauten Kindes sorgen und dabei auch den Rat und die Anweisungen der von der Ortspolizeibehörde zur Aufsichtsführung über das Pflegekinderwesen bestellten Personen befolgen.

Ingleichen haben sie diesen in § 5 näher bezeichneten Personen jederzeit Einblick in die Art und Weise der Verpflegung und Haltung des Kindes zu gewähren und jede hierüber geforderte Auskunft zu erteilen.

Wenn das Kind erkrankt, haben die Pflegeeltern sofort einen staatlich geprüften Arzt herbeizurufen und dem Kinde solche ärztliche Hilfe während der Dauer der Krankheit unausgesetzt zukommen zu lassen.

Zur Belehrung über die zweckmäßigste Kinderpflege sollen die Pflegeeltern sich auch die dieser Verordnung angefügte Anweisung dienen lassen.

§ 5. Zur Beaufsichtigung des Pflegekinderwesens kann die Ortspolizeibehörde bestimmte Beamte und Ärzte bestellen.

Jedenfalls hat sie solche Einrichtungen zu treffen, daß jedes Pflegekind und dessen Behandlung durch geeignete Personen regelmäßig überwacht wird und auf diesem Wege alle etwaigen Ungehörigkeiten zu ihrer Kenntnis gelangen, für deren Abstellung sie alsdann die nötigen Maßregeln zu nehmen hat.

Insbesondere ist in jeder Gemeinde darauf hinzuwirken, daß die Ortsgeistlichkeit und schon bestehende oder zu diesem Zwecke sich bildende Frauenvereine die Überwachung der Pflegekinder mit übernehmen.

§ 6. Die Pflegeeltern haben binnen 24 Stunden bei der Ortspolizeibehörde anzuzeigen:
 a) wenn sie ihre Wohnung oder ihren Wohnort wechseln, unter Angabe der neuen Wohnung oder des neuen Wohnorts;
 b) wenn das Pflegekind in andere Pflege gegeben wird, unter Angabe wohin es kommt;
 c) wenn das Pflegekind stirbt, unter Überreichung eines Zeugnisses desjenigen Arztes, von welchem es behandelt worden ist, über die Veranlassung der Krankheit und Ursache des Todes.

§ 7. Die Ortspolizeibehörde hat eine Liste zu führen, in welche sämtliche am Ort befindliche Pflegekinder, deren Eltern und Pflegeeltern und die Wohnungen der letzteren eingetragen werden.

Eine gleiche Liste ist über die in § 2 erwähnten Pflegekinder zu führen, unter Angabe des Verhältnisses, in welchem letztere zu ihren Pflegeeltern stehen.

§ 8. Pflegeeltern, welche den nach § 1, § 4 Alinea 2 und 3, § 6 dieser Verordnung ihnen obliegenden Verpflichtungen zuwiderhandeln, haben Geldstrafe bis zu 50 Mark oder entsprechende Haftstrafe, außerdem aber, nach Befinden der Ortspolizeibehörde, zu gewärtigen, daß die ihnen erteilte Erlaubnis zur Aufnahme von Pflegekindern zurückgenommen und daß ihnen fernerhin keine derartige Erlaubnis erteilt werden wird.

In allen Fällen, in denen Pflegeeltern gegen ihre Pflegekinder Handlungen sich zu Schulden kommen lassen, welche unter das Strafgesetz fallen, sind die Ortspolizeibehörden verpflichtet, alsbaldige Anzeige an die Staatsanwaltschaft zu erstatten.

§ 9. Gegenwärtige Verordnung tritt mit dem Tage ihrer Veröffentlichung im Regierungsblatt in Kraft und von diesem Tage an sind alle denselben Gegenstand betreffenden ortspolizeilichen Bestimmungen aufgehoben.

Alle im Großherzogtum wohnhaften Personen, welche Pflegekinder im Sinne von § 1 dieser Verordnung zu dieser Zeit schon in Pflege haben, sind, bei Vermeidung der in § 8 angedrohten Strafe, verpflichtet, die in § 1 geordnete Erlaubnis binnen 14 Tagen bei ihrer Ortspolizeibehörde nachträglich einzuholen.

Weimar, den 28. Dezember 1879.
Großherzoglich Sächsisches Staatsministerium,
Departement des Äußern und Innern.
v. Groß.

7. Sachsen-Altenburg.
Höchste Verordnung, die Regelung des Pflegekinderwesens betreffend, vom 1. Dezember 1880.

Da es sich nötig macht, das Pflegekinderwesen einer geregelten polizeilichen Beaufsichtigung zu unterziehen, so wird hierüber verordnet, wie folgt:

§ 1. Wer ein noch nicht sieben Jahre altes Kind gegen Entgelt oder sonstige Vergütung zur Pflege und Erziehung bei sich aufnehmen will, bedarf hierzu der Erlaubnis der Ortspolizeibehörde. Als solche hat im Sinne gegenwärtiger Verordnung auf dem platten Lande der Amtsvorsteher zu gelten.

§ 2. Ausgenommen von der Verpflichtung zur Einholung dieser Erlaubnis sind nur Verwandte, Adoptiveltern und gerichtlich bestellte Vormünder der Pflegekinder. Es haben aber auch diese Personen ihre Pflegekinder vorschriftsmäßig an- und abzumelden.

§ 3. Die Erlaubnis ist, in der Regel vor der Aufnahme des Kindes, spätestens aber 24 Stunden nachher, unter Nachweis alles auf den Personenstand des Kindes Bezüglichen, sowie der Bedingungen des Aufnahmevertrages nachzusuchen. Sie wird stets nur bis auf Widerruf und nicht zur Annahme von Pflegekindern ein für allemal erteilt; sie ist vielmehr für jedes Kind einzeln nachzusuchen. Sie ist zu versagen, wenn die Personen, welche sie beantragen, nicht gut beleumundet sind; wenn ihr sittliches Verhalten, die Art der Beschäftigung oder die Beschaffenheit ihrer Erwerbs- und ihrer häuslichen Verhältnisse für die gewissenhafte Pflege, Beaufsichtigung und Erziehung des Kindes eine genügende Gewähr nicht bieten; wenn sie sich nicht im Besitz einer gesunden Wohnung befinden. Auch soll in der Regel niemand mehr als drei Pflegekinder bei sich aufnehmen dürfen.

Liegen Bedenken der vorangegebenen Art nicht vor, so fertigt die Ortspolizeibehörde den Pflegeeltern nach dem beigefügten Formular A. kostenfrei einen Erlaubnisschein aus. Ist dagegen die Erteilung der Erlaubnis zu versagen, so hat die Ortspolizeibehörde dafür zu sorgen, daß das Kind, wenn es bereits in die Pflege der betreffenden Person gegeben sein sollte, alsbald wieder derselben entnommen wird. Letzteres liegt ihr auch ob, wenn sie aus Anlaß von Änderungen, welche in den Verhältnissen der Pflegeeltern eingetreten sind, verpflichtet wird, die früher erteilte Erlaubnis zu widerrufen.

§ 4. Die Pflegeeltern haben gleich leiblichen Eltern für das Wohl des ihnen anvertrauten Kindes zu sorgen und dabei auch den Rat und die Anweisungen der von der Ortspolizeibehörde zur Aufsichtsführung über das Pflegekinderwesen bestellten Personen (§ 5) zu befolgen.

Wenn das Kind erkrankt, haben die Pflegeeltern sofort einen staatlich geprüften Arzt herbeizurufen und dem Kinde während der Krankheit unausgesetzt solche ärztliche Hilfe zukommen zu lassen.

Die Pflegeeltern haben bei der Erziehung und Pflege der ihnen anvertrauten Kinder die dieser Verordnung unter B. beigefügte Anweisung tunlichst zur Richtschnur zu nehmen. Ein Exemplar derselben ist ihnen von der Ortspolizeibehörde unentgeltlich auszuhändigen.

§ 5. Zur Beaufsichtigung des Pflegekindes kann die Ortspolizeibehörde bestimmte Beamte und Ärzte, sowie sonst geeignete Personen als ihre Organe bestellen. Insbesondere ist darauf hinzuwirken, daß die Ortsgeistlichkeit und schon bestehende oder zu diesem Zweck sich bildende Vereine, namentlich Frauenvereine, die Kontrolle des Pflegekinderwesens und die Fürsorge für die Pflegekinder mit übernehmen.

Jedenfalls hat die Ortspolizeibehörde solche Einrichtungen zu treffen, welche es ermöglichen, daß jedes Pflegekind, sowie die Behandlungsweise desselben überwacht wird, damit etwaige Ungehörigkeiten der Pflegeeltern jederzeit zu ihrer Kenntnis gelangen, und, nötigenfalls durch Entnahme der Kinder von den ungeeigneten Pflegern oder andere zweckdienliche Maßregeln, rechtzeitig abgestellt werden können.

Der Ortspolizeibehörde, ihren Beamten und Organen (der Ortsgeistlichkeit und den in Absatz 1 genannten Vereinen), ist zur Ausübung der fraglichen Kontrolle von den Pflegeeltern der Zutritt zu ihren Wohnungen und zu den Pflegekindern zu gestatten, und auf alle die letzteren und deren Verhältnisse betreffenden Fragen wahrheitsgemäße und vollständige Auskunft zu erteilen.

§ 6. Die Pflegeeltern haben vor einem etwaigen Wohnungswechsel die Erlaubnis aufs neue nachzusuchen; sie haben, wenn sie mit ihren Pflegekindern den Ort verlassen, vorher, wenn ein Pflegekind aus ihrer Pflege entnommen wird oder stirbt, innerhalb 24 Stunden nach erfolgter Veränderung, bezw. nach eingetretenem Tode unter Vorlegung, bezw. Rückgabe des Erlaubnisscheins und eintretendenfalls unter Überreichung eines Zeugnisses desjenigen Arztes, von welchem das Kind behandelt worden ist, über die Veranlassung der Krankheit und die Ursache des Todes der Ortspolizeibehörde Anzeige zu erstatten.

Letztere hat, falls die Pflegeeltern sich mit Pflegekindern an einen andern Ort des Herzogtums wenden, der Ortspolizeibehörde des künftigen Aufenthaltsortes Mitteilung zu machen.

§ 7. Die Ortspolizeibehörde hat über die in ihrem Bezirke befindlichen Pflegekinder eine Liste zu führen, in welche die Pflegekinder selbst nach Namen und Alter, deren Eltern oder Vormünder, sowie die Pflegeeltern, deren Wohnort und Wohnung einzutragen sind.

Diese Listen sind von den Amtsvorstehern bis zu Ende Januar eines jeden Jahres dem Landratsamte vorzulegen.

Sie können von dem Ortsgeistlichen und von dem betreffenden Gemeindevorsteher jederzeit eingesehen werden.

§ 8. Pflegeeltern, welche den Bestimmungen dieser Verordnung zuwiderhandeln, haben Geldstrafe bis zu 30 Mark oder entsprechende Haftstrafe und außerdem zu gewärtigen, daß die Erlaubnis zur Aufnahme von Pflegekindern zurückgezogen und ihnen ferner nicht mehr erteilt wird. Lassen sich Pflegeeltern gegen ihre Pflegekinder Handlungen zu Schulden kommen, welche unter das Strafgesetz fallen, so sind die Ortspolizeibehörden verpflichtet, an die Staatsanwaltschaft alsbaldige Anzeige zu erstatten.

§ 9. Gegenwärtige Verordnung tritt mit dem 1. Januar 1881 in Kraft.

Alle im Herzogtum wohnhafte Personen, welche zu diesem Zeitpunkt Pflegekinder im Sinne gegenwärtiger Verordnung bereits in Pflege haben, sind bei Vermeidung der in § 8 angedrohten Strafe verpflichtet, dieselben binnen 14 Tagen bei ihrer Ortspolizeibehörde anzumelden, bezw. die in § 1 geordnete Erlaubnis nachträglich einzuholen.

Urkundlich unter Unserer eigenhändigen Unterschrift und beigedrucktem Herzogl. Insiegel.

Gegeben Altenburg, den 1. Dezember 1880.

(L. S.)   Ernst, Herzog von Sachsen=Altenburg.

v. Leipziger.   Sonnenkalb.   Th. Göpel.

8. Schaumburg=Lippe.

**Polizeiverordnung, betreffend das gewerbsmäßige Halten von Kostkindern.
Vom 9. Juli 1897.**

Auf Grund des § 5 des Gesetzes über die Polizeiverwaltung vom 22. Mai 1882 wird für den Umfang des Fürstentums folgende Polizei=verordnung erlassen:

§ 1. Personen, welche gegen Entgelt fremde noch nicht sechs Jahre alte Kinder in Kost und Pflege nehmen wollen, bedürfen dazu der Erlaubnis der Ortspolizeibehörde. (§ 1 des Gesetzes vom 22. Mai 1882.)

§ 2. Die Erlaubnis wird nur auf Widerruf und nur solchen Per=sonen erteilt, welche nach ihren persönlichen Verhältnissen, insbesondere auch nach ihrem sittlichen Charakter und nach der Beschaffenheit ihrer Wohnung geeignet erscheinen, eine solche Pflege zu übernehmen.

Die Erlaubnis muß vor einem Wohnungswechsel aufs neue nach=gesucht werden.

§ 3. Die einzelnen in Pflege genommenen Kinder sind bei der Orts=polizeibehörde binnen 3 Tagen nach der Aufnahme anzumelden und, wenn das Verhältnis aufhört, binnen 3 Tagen nach Beendigung desselben wieder abzumelden.

§ 4. Bei den schriftlich zu machenden Meldungen sind der Vor= und Zuname des Kindes, Ort und Tag seiner Geburt bezw. seines Ablebens, Name, Stand und Wohnort seiner Eltern, bei unehelichen Kindern Name, Stand und Wohnort der Mutter und des Vormundes anzuzeigen.

§ 5. Die Ortspolizeibehörde kann die Fortsetzung der allgemeinen Pflegschaft von der zuvorigen Feststellung der in § 4 gedachten persönlichen Verhältnisse sowie des Unterstützungswohnsitzes des Kindes abhängig machen.

§ 6. Im Falle einer üblen Behandlung der Kinder oder einer den=selben nachteiligen Veränderung der persönlichen oder häuslichen Verhältnisse der Kostgeber ist die Erlaubnis zurückzunehmen.

§ 7. Den Ortspolizeibehörden und ihren Organen ist von den Kost=gebern der Zutritt zu ihren Wohnungen zu gestatten und auf alle die Pflege=kinder betreffenden Fragen Auskunft zu erteilen, auch sind die Kinder auf Erfordern vorzuzeigen.

§ 8. Diejenigen Personen, welche bei dem Inkrafttreten dieser Verordnung bereits gegen Entgelt fremde noch nicht 6 Jahre alte Kinder in Kost und Pflege halten, haben die polizeiliche Genehmigung dazu innerhalb 3 Wochen nachträglich einzuholen.

§ 9. Wissentlich unrichtige Angaben der Ortspolizeibehörde und ihren Organen gegenüber werden mit Geldstrafe nicht unter 20 Mark, sonstige Zuwiderhandlungen gegen die Vorschriften dieser Verordnung mit Geldstrafe bis zu 50 Mark bestraft. (§ 10 des Gesetzes vom 22. Mai 1882.)

Bückeburg, den 9. Juli 1897.

Fürstlich Schaumburg-Lippisches Ministerium.

von Wegnern.

9. Lübeck.

Verordnung, betreffend das Halten von sogen. Pflege- oder Kostkindern.

(Veröffentlicht am 9. Juli 1884.)

Auf Grund des § 9,4 der Medizinalordnung vom 25. September 1867 verordnet das Medizinalamt, was folgt:

§ 1. Wer gegen Entgelt ein noch nicht 6 Jahr altes Kind in Kost und Pflege nehmen will, bedarf hierzu der Erlaubnis des Medizinalamts.

§ 2. Die Erlaubnis ist vor Aufnahme des Kindes schriftlich oder mündlich bei dem Medizinalamte nachzusuchen, und zu dem Zwecke:
1. der Name des in Pflege zu nehmenden Kindes, sowie Ort und Tag seiner Geburt,
2. Name, Stand und Wohnung seiner Eltern; bei unehelichen Kindern Name, Stand und Wohnung der Mutter, sowie der Vormünder;
3. Name, Stand und Wohnung der Kostgeberin,

genau anzugeben und erforderlichenfalls zu bescheinigen.

Auch ist von verheirateten Frauen die Zustimmung ihres Ehemannes zu dem Antrage beizubringen.

§ 3. Die Erlaubnis wird nur solchen Personen weiblichen Geschlechts erteilt, welche nach ihren persönlichen Verhältnissen und nach der Beschaffenheit ihrer Wohnung zur Übernahme der Pflege ohne Gefährdung des Kindes geeignet erscheinen.

§ 4. Über die erteilte Erlaubnis wird eine Bescheinigung erteilt; dieselbe ist von der Kostgeberin sorgfältig aufzubewahren und während des Pflegeverhältnisses den Beamten des Polizeiamts auf Erfordern vorzuzeigen.

§ 5. Die erteilte Erlaubnis erlischt bei etwaigem Wohnungswechsel der Kostgeberin. Vor solchem Wechsel ist daher die Erlaubnis zur Fortsetzung des Pflegeverhältnisses nachzusuchen.

§ 6. Die erteilte Erlaubnis wird zurückgenommen, wenn die Kostgeberin die ihr obliegenden Pflichten gegen das Pflegekind vernachlässigt, oder wenn eine für das Pflegekind nachteilige Veränderung in den persönlichen oder häuslichen Verhältnissen der Kostgeberin eintritt.

Spätestens innerhalb dreier Tage nach erfolgter Zurücknahme ist das Kind aus der Pflege zu entlassen.

§ 7. Während des Pflegeverhältnisses ist den Beauftragten des Polizeiamts der Zutritt zu der Wohnung der Kostgeberin zu gestatten, auf alle das Pflegekind betreffenden Fragen Auskunft zu erteilen, auch auf Erfordern das Kind vorzuzeigen.

§ 8. Wird das Pflegeverhältnis aufgegeben oder stirbt das Pflegekind, so hat die Kostgeberin hiervon binnen 24 Stunden nach dem Aufgeben des Pflegeverhältnisses bezw. nach dem Tode des Kindes dem Medizinalamte unter Rückgabe des Erlaubnisscheines Anzeige zu machen.

Dabei ist in ersterem Falle der Name und Wohnort derjenigen Person, an welche das Kind zurück- oder weitergegeben ist, aufzugeben, im zweiten Falle die Todesursache und der Name des zugezogenen Arztes zur Anzeige zu bringen.

§ 9. Befinden sich noch nicht 6 Jahr alte Kinder bei Erlaß dieser Verordnung bereits in einem Pflegeverhältnis im Sinne des § 1, so ist von dem Pfleger oder der Pflegerin binnen 14 Tagen nach dem Inkrafttreten dieser Verordnung eine die im § 3 geforderten Angaben enthaltende schriftliche oder mündliche Anzeige bei dem Medizinalamte zu erstatten und gleichzeitig die Erlaubnis zur Fortsetzung des Pflegeverhältnisses zu erwirken.

§ 10. Den Bestimmungen dieser Verordnung unterliegen auch diejenigen Personen, welche mit Pflegekindern in das lübeckische Staatsgebiet neu anziehen.

Die zur Fortsetzung des Pflegeverhältnisses erforderliche Erlaubnis ist innerhalb 3 Tagen nach dem Zuzuge nachzusuchen.

§ 11. Alle diejenigen Kinder, für welche die Fürsorge der öffentlichen Armenpflege, oder der öffentlichen Wohltätigkeitsanstalten eintritt oder bereits eingetreten ist, findet diese Verordnung keine Anwendung.

§ 12. Die in dieser Verordnung vorgeschriebenen Anzeigen haben unbeschadet der sonstigen gesetzlich angeordneten Anzeigen, namentlich unbeschadet der Vorschriften über das polizeiliche Meldewesen, zu erfolgen.

§ 13. Zuwiderhandlungen gegen die vorstehenden Bestimmungen werden mit Geldstrafe bis zu 150 Mark bestraft, an deren Stelle im Unvermögensfall entsprechende Haft tritt.

Lübeck, den 5. Juli 1884.

Das Medizinalamt.

10. Hamburg.

Gesetz, betreffend die Beaufsichtigung des Kostkinderwesens.

Der Senat hat in Übereinstimmung mit der Bürgerschaft beschlossen und verkündet hierdurch als Gesetz, welches an einem vom Senate zu bestimmenden und öffentlich bekannt zu machenden Tage in Kraft tritt, was folgt:

§ 1. Wer ein Kind vor dessen vollendetem achten Lebensjahre in Kost und Pflege nimmt oder bei Inkrafttreten dieses Gesetzes ein solches Kind in Kost und Pflege hat, bedarf, wenn die Verpflegung gegen Entgelt erfolgt, oder wenn er gewerbs- oder gewohnheitsgemäß Kinder in Kost nimmt, zur Eingehung, bezw. Fortsetzung des Kostverhältnisses einer obrigkeitlichen Erlaubnis.

Die Erlaubnis wird für den Umfang ihres Bezirks durch die städtische Polizeibehörde, für das Gebiet der Landherrenschaft Ritzebüttel durch den Amtsverwalter und für die übrigen Teile des Hamburgischen Staatsgebiets durch die zuständige Landherrenschaft erteilt. Die genannten Behörden haben die erforderlichen Ausführungsbestimmungen zu erlassen.

§ 2. Die zur Nachsuchung der Erlaubnis Verpflichteten (§ 1) haben den vollen Namen des Kindes, Ort, Tag und Jahr seiner Geburt, Namen und Wohnung seiner Eltern (bei unehelichen Kindern Namen und Wohnung der Mutter) und, wenn Vormünder für das Kind bestellt sind, auch die Namen und Adressen dieser anzugeben. Der Behörde sind auf Verlangen die zum Nachweis der Richtigkeit dieser Angaben erforderlichen Papiere vorzulegen. Die Behörde kann auch die Eltern, bezw. die uneheliche Mutter des Kindes zur Beibringung der sie oder ihr Kind betreffenden Papiere anhalten.

§ 3. Die im § 1 benannten Behörden sind befugt, vor Erteilung der Erlaubnis ein ärztliches Gutachten über die Kostgeber, das Kostkind, sowie über die Wohnung der Kostgeber herbeizuführen.

Die Erlaubnis ist nur zu versagen, wenn festgestellt wird, daß die Kostgeber nach ihren persönlichen Verhältnissen oder der Beschaffenheit ihrer Wohnungen zur Annahme eines Pflegekindes nicht geeignet erscheinen.

Die einmal erteilte Erlaubnis, über welche eine Bescheinigung unentgeltlich verabfolgt wird, ist jederzeit widerruflich und erlischt von selbst, vorbehältlich ihrer Erneuerung, bei jedem Wohnungswechsel des Kostgebers.

§ 4. Das Waisenhauskollegium beaufsichtigt durch seine Organe die Pflege derjenigen Kostkinder, welche nach der Bestimmung des § 1 nur mit obrigkeitlicher Erlaubnis aufgenommen werden durften; die Beaufsichtigung dauert bis zu dem Zeitpunkt, zu welchem das Kostkind das achte Lebensjahr vollendet.

Ob und inwieweit das Waisenhauskollegium auch andere Personen mit der Beaufsichtigung betrauen will, ist seinem Ermessen vorbehalten.

§. 5. Die Kostgeber sind verpflichtet, den Beamten der im § 1 bezeichneten Behörden, sowie den vom Waisenhauskollegium mit der Beaufsichtigung beauftragten und mit einer Legitimation versehenen Personen den Zutritt zu ihren Wohnungen zu gestatten, jede von denselben gewünschte Auskunft zu erteilen, auch, falls es verlangt werden sollte, das Kostkind an einer von der Waisenhausverwaltung bezeichneten Stelle vorzustellen.

§ 6. Von der Beendigung des Pflegeverhältnisses ist, sofern zu der betreffenden Zeit das Kostkind noch der Beaufsichtigung des Waisenhauskollegiums unterliegt, der im § 1 benannten Behörde innerhalb einer von dieser zu bestimmenden Frist seitens der Kostgeber Anzeige zu machen.

§ 7. Die im § 1 bezeichneten Behörden sind, sofern wichtige Gründe vorliegen, befugt, anzuordnen, daß ein Kostkind, welches nach der Bestimmung des § 4 Abs. 1 der Beaufsichtigung nicht oder nicht mehr unterliegt, nach Maßgabe der Vorschriften der §§ 4, 5 und 6 beaufsichtigt wird.

Die im § 1 bezeichneten Behörden sind ferner befugt, Kostgebern das

Halten von Kostkindern — und zwar ohne Rücksicht darauf, ob die letzteren unter die Bestimmungen des § 1 fallen oder nicht — zu untersagen.

§ 8. Die Vorschriften dieses Gesetzes kommen nicht zur Anwendung auf diejenige Kostkinder, für welche eine Fürsorge abseiten der öffentlichen Armenpflege, sonstiger staatlicher Wohltätigkeitsanstalten oder der hier bestehenden anerkannten Religionsgemeinschaften erfolgt.

Das Gesetz findet ferner keine Anwendung auf Kinder, die bei ihren Vormündern oder ihren nächsten Verwandten (Großeltern, Geschwistern und deren Ehegatten, Geschwistern der Eltern und deren Ehegatten) untergebracht werden oder bei Inkrafttreten des Gesetzes untergebracht sind.

Privatstiftungen und Privatvereine können bezüglich der Kinder, welche sie in Kost und Pflege nehmen, durch die im § 1 bezeichneten Behörden von der Beobachtung der Vorschriften des Gesetzes dispensiert werden. Die Dispensation kann jeder Zeit zurückgenommen werden.

§ 9. Zuwiderhandlungen gegen die Bestimmungen des Gesetzes werden von den im § 1 bezeichneten Behörden mit einer Geldstrafe von 1—100 Mk. bestraft. Kann die Geldstrafe nicht beigetrieben werden, so tritt entsprechende Haftstrafe an deren Stelle.

§ 10. Dieses Gesetz tritt an einem vom Senat zu bestimmenden Tage in Kraft.

Gegeben in der Versammlung des Senats, Hamburg, den 21. Dezember 1896.

II. Polizeiverordnungen der Oberpräsidenten und Regierungspräsidenten.

1. Schlesien.

Amtliche Verfügung über das Halten von Kostkindern.

Der Oberpräsident der Provinz Schlesien hat „bezüglich des Haltens von Pflegekindern unter 6 Jahren gegen Entgelt" unter Zustimmung des Provinzialrates und unter Aufhebung sämtlicher über diesen Gegenstand zur Zeit bestehenden Verordnungen für den Umfang der Provinz Schlesien folgende vom 10. Februar 1881 datierten Vorschriften erlassen:

§ 1. Personen, welche gegen Entgelt fremde, noch nicht sechs Jahre alte Kinder in Kost und Pflege nehmen wollen, bedürfen dazu der Erlaubnis der Polizeibehörde. Wer zur Zeit ohne polizeiliche Genehmigung derartige Kinder in Pflege hat, ist verpflichtet, binnen vierzehn Tagen nach Publikation dieser Verordnung diese Genehmigung einzuholen.

§ 2. Die Erlaubnis wird nur auf Widerruf und nur solchen Personen weiblichen Geschlechts erteilt, welche nach ihren persönlichen Verhältnissen und nach der Beschaffenheit ihrer Wohnungen geeignet erscheinen, eine solche Pflege zu übernehmen.

§ 3. Die Erlaubnis muß vor einem etwaigen Wohnungswechsel aufs neue nachgesucht werden.

§ 4. Im Falle schlechter Behandlung, Pflege oder Beköstigung der Kinder oder einer derselben nachteiligen Veränderung der häuslichen Verhältnisse der Pflegerinnen (§ 1) wird die Erlaubnis zurückgenommen.

§ 5. Den Beamten der Polizeibehörde oder den von der letzteren beauftragten Personen ist von den Pflegerinnen der Zutritt zu ihren Wohnungen zu gestatten, auf alle, die Pflegekinder betreffenden Fragen Auskunft zu erteilen; auch sind die Kinder auf Erfordern vorzuzeigen.

§ 6. Die einzelnen in Pflege zu nehmenden Kinder sind durch die Pflegerinnen bei der Polizeibehörde binnen 24 Stunden nach der Annahme anzumelden und, sobald das Verhältnis aufhört, binnen gleicher Frist wieder abzumelden.

§ 7. Bei den Meldungen sind der Name des Kindes, Ort und Tag der Geburt, Name und Wohnung der Eltern bezw. des Vormundes, bei unehelichen Kindern Name und Wohnung der Mutter und des Vormundes anzuzeigen.

§ 8. Bei Erkrankung eines Pflegekindes ist sofort ein Arzt zuzuziehen.

Vom Ableben eines Pflegekindes ist binnen 24 Stunden der Polizeiverwaltung Anzeige zu machen.

§ 9. Wenn staatlich genehmigte Wohltätigkeitsvereine Kinder in Privatpflege geben, so kann die nach § 1 erforderliche polizeiliche Erlaubnis auch von den Organen dieser Vereine eingeholt, die im § 6 vorgeschriebene An- und Abmeldung der Kinder durch diese Organe bewirkt und letzteren durch die Ortspolizeibehörde die widerrufliche Befugnis eingeräumt werden, neben den Beamten der Polizeibehörde die im § 5 bezeichnete Kontrolle zu führen.

§ 10. Die Übertretung der gegebenen Vorschriften wird mit Geldstrafe bis zu 30 Mark oder verhältnismäßiger Haft bedroht.

2. Provinz Sachsen.
Polizeiverordnung, betr. das Halten der sogen. Kost- oder Ziehkinder.

Auf Grund des § 76 der Provinzialordnung vom 29. Juni 1875 verordne ich zur Regelung des sogenannten Kost- oder Ziehkinderwesens unter Zustimmung des Provinzialrates in Gemäßheit des Art. 1 des Reichsgesetzes vom 23. Juli 1879 (R.=G.=Bl. S. 267) und der §§ 6, 12 und 15 des Gesetzes über die Polizeiverwaltung vom 11. März 1850 für den Umfang der ganzen Provinz, was folgt:

§ 1. Wer gegen Entgelt ein noch nicht sechs Jahre altes Kind in Kost und Pflege nehmen will, bedarf hierzu in der Regel vor der Aufnahme des Kindes, spätestens aber binnen 24 Stunden nach der Aufnahme desselben, der Erlaubnis der Ortspolizeibehörde (d. h. des Amtsvorstehers, bezw. des städtischen Polizeiverwalters).

§ 2. Die Erlaubnis wird stets nur auf Widerruf und nur solchen Personen weiblichen Geschlechts erteilt, welche nach ihren persönlichen Verhältnissen und nach der Beschaffenheit ihrer Wohnung zur Übernahme einer solchen Pflege ohne Gefährdung des Kindes geeignet erscheinen.

§ 3. Die Erlaubnis ist bei der Ortspolizeibehörde schriftlich nachzusuchen und in dem Gesuche ist

a) der Name des in Pflege zu nehmenden Kindes, sowie Ort und Tag seiner Geburt,
b) Name, Stand und Wohnung seiner Eltern, bei unehelichen Kindern Name, Stand und Wohnung der Mutter, sowie des Vormundes,
c) Name, Stand und Wohnung der Kostgeberin

genau anzugeben und erforderlichen Falls zu bescheinigen.

§ 4. Wird die nachgesuchte Erlaubnis von der Ortspolizeibehörde erteilt, so ist die darüber auszustellende Bescheinigung von der Kostgeberin sorgfältig aufzubewahren und während des Pflegeverhältnisses den Beamten der Polizeibehörde und den von der letzteren beauftragten Personen auf Erfordern vorzuweisen.

§ 5. Die erteilte Erlaubnis erlischt bei etwaigem Wohnungswechsel der Kostgeberin. Vor solchem Wechsel ist daher die Erlaubnis zur Fortsetzung des Pflegeverhältnisses nachzusuchen.

§ 6. Die erteilte Erlaubnis wird ferner zurückgenommen, wenn die Kostgeberin die ihr obliegenden Pflichten gegen das Pflegekind vernachlässigt und insbesondere diesem die erforderliche Nahrung und Pflege nicht gewährt, oder wenn sonstwie eine für das Pflegekind nachteilige Veränderung in den persönlichen oder häuslichen Verhältnissen der Kostgeberin eintritt.

§ 7. Während des Pflegeverhältnisses ist den Beamten der Polizeibehörde oder den von den letzteren beauftragten nach Maßgabe des § 7 des Gesetzes zum Schutze der persönlichen Freiheit vom 12. Februar 1850 (G.=S. S. 45) mit einer entsprechenden Legitimation zu versehenden Personen von der Kostgeberin und deren Hausstande der Zutritt zu ihrer Wohnung zu gestatten und auf alle das Pflegekind betreffenden Fragen Auskunft zu erteilen, auf Erfordern das Kind vorzuzeigen.

§ 8. Wird das Pflegeverhältnis aufgegeben oder stirbt das Pflegekind, so hat die Kostgeberin hiervon binnen 24 Stunden nach dem Aufhören des Pflegeverhältnisses, bezw. nach dem Eintritt des Todes, der Ortspolizeibehörde unter Rückgabe des Erlaubnisscheines (§ 4) Anzeige zu machen.

§ 9. Hinsichtlich derjenigen noch nicht sechs Jahre alten Kinder, welche sich beim Erlaß dieser Polizeiverordnung bereits in einem Pflegeverhältnis im Sinne des § 1 befinden, ist von dem Pfleger oder der Pflegerin binnen 14 Tagen nach dem Inkrafttreten dieser Verordnung eine die Angaben in § 3 enthaltende schriftliche Anzeige an die Ortspolizeibehörde zu erstatten und innerhalb gleicher Frist nach Maßgabe des § 3 die Erlaubnis zur Fortsetzung des Pflegeverhältnisses zu erwirken.

Auch im übrigen finden die vorstehenden Vorschriften auf bereits bestehende Pflegeverhältnisse gleichmäßige Anwendung.

§ 10. Ferner unterliegen den Bestimmungen dieser Polizeiverordnung diejenigen Personen, welche mit Pflegekindern in den Bezirk der betreffenden Ortspolizeibehörde neu anziehen.

§ 11. Auf diejenigen Kinder, für welche die Fürsorge der öffentlichen Armenpflege oder sonstiger öffentlicher Wohltätigkeitsanstalten eintritt oder bereits eingetreten ist, sowie auf diejenigen Personen, welche im erweislichen Auftrage eines staatlich genehmigten Wohltätigkeitsvereins die Fürsorge für ein Pflegekind übernommen haben oder übernehmen, findet diese Polizeiverordnung keine Anwendung.

Die Ortspolizeibehörde kann ferner diejenigen Personen, welche ohne Verfolgung von Erwerbszwecken im Auftrage eines Angehörigen (vgl. § 52 des Reichsstrafgesetzbuchs) oder eines Vormundes des Kindes die Fürsorge für dasselbe übernommen haben oder übernehmen, nach dem Ermessen des Einzelfalls von der Beobachtung der Vorschriften dieser Polizeiverordnung entbinden.

§ 12. Die in dieser Polizeiverordnung vorgeschriebenen Anzeigen haben, unbeschadet der sonstigen gesetzlich vorgeschriebenen Anzeigen, namentlich unbeschadet der Vorschriften über das polizeiliche Meldewesen, zu erfolgen.

§ 13. Jede Zuwiderhandlung gegen die vorstehenden Bestimmungen wird mit einer Geldstrafe von 3—50 Mark geahndet, an deren Stelle im Unvermögensfalle entsprechende Haft tritt.

§ 14. Mit dem Inkrafttreten dieser Polizeiverordnung treten die zur Regelung des sog. Kost= und Haltekinderwesens erlassenen Polizeiverordnungen der Orts= oder Kreispolizeibehörden außer Wirksamkeit.

Magdeburg, den 17. Dezember 1880.

Der Oberpräsident der Provinz Sachsen.
(gez.) v. Patow.

3. Reg.=Bez. Cöln.
Polizeiverordnung, betreffend das Halten von Kostkindern.

Auf Grund der §§ 11 und 12 des Gesetzes über die Polizeiverwaltung vom 11. März 1850 (G.=S. S. 265) wird für den Umfang des Reg.=Bez. Cöln verordnet, was folgt:

§ 1. Personen, welche gegen Entgelt fremde, noch nicht sechs Jahre alte Kinder in Kost und Pflege nehmen wollen, bedürfen hierzu der Erlaubnis der Ortspolizeibehörde; bevor die Erlaubnis erteilt ist, dürfen Kinder in Kost und Pflege nicht genommen werden.

Wird die Erlaubnis zurückgezogen, so sind die Kinder — insofern die Polizeibehörde keinen anderen Zeitpunkt bestimmt hat, spätestens innerhalb dreier Tage nach erfolgter Zurücknahme der Erlaubnis aus der Pflege zu entlassen.

§ 2. Wer die Erlaubnis zur Aufnahme fremder Kinder (§ 1) erhalten hat und von derselben Gebrauch macht, ist verpflichtet:
a) die Aufnahme, bezw. Entlassung eines Kindes spätestens innerhalb dreier Tage nach erfolgter Aufnahme bezw. Entlassung,
b) seinen Wohnungswechsel spätestens innerhalb dreier Tage, nachdem die alte Wohnung verlassen worden ist,

der Ortspolizeibehörde anzuzeigen.

§ 3. Vorstehende Bestimmungen finden keine Anwendung auf Personen, welche nur fremde, noch nicht sechs Jahre alte Kinder gegen Entgelt in Kost und Pflege nehmen, die im Auftrage eines Armenverbandes, einer öffentlichen Wohltätigkeitsanstalt, oder eines staatlich genehmigten Wohltätigkeitsvereins übernommen werden.

§ 4. Zuwiderhandlungen gegen die Vorschriften der §§ 1 und 2 dieser Verordnungen werden mit Geldbuße bis zu 30 Mark, an deren Stelle im Falle des Unvermögens verhältnismäßige Haft tritt, bestraft.

Cöln, den 19. April 1881.

Königliche Regierung.

4. Reg.=Bez. Cassel.
Auszug aus dem Amtsblatt der Königl. Regierung zu Cassel vom 23. Februar 1881.
144. Polizeiverordnung.

Auf Grund des § 11 der Verordnung über die Polizeiverwaltung in den neu erworbenen Landesteilen vom 20. September 1867 — G.=S. von

1867 S. 1529 werden nachfolgende polizeiliche Vorschriften bezüglich des gewerbsmäßigen Haltens von Kostkindern für den Umfang unseres Verwaltungsbezirkes erlassen:

§ 1. Personen, welche gegen Entgelt fremde, noch nicht sechs Jahre alte Kinder in Kost und Pflege nehmen wollen, bedürfen dazu der Erlaubnis der Polizeibehörde und zwar in Städten seitens der Ortspolizeibehörde, in den Landgemeinden seitens des Landrats, bezw. in den Ämtern Orb und Böhl des Amtmanns.

§ 2. Die Erlaubnis ist schriftlich zu erteilen. Sie wird nur auf Widerruf und nur solchen Frauenspersonen erteilt, welche nach ihren persönlichen Verhältnissen und nach der Beschaffenheit ihrer Wohnungen geeignet erscheinen, eine solche Pflege zu übernehmen.

§ 3. Die einzelnen in Pflege genommenen Kinder sind bei der Polizeibehörde (cf. § 1) binnen drei Tagen nach der Aufnahme anzumelden und, wenn das Pflegeverhältnis aufgegeben wird, oder das Pflegekind stirbt, binnen gleicher Frist abzumelden.

§ 4. Bei den Meldungen ist
a) der Name des in Pflege genommenen Kindes, sowie Ort und Tag seiner Geburt;
b) Name, Stand und Wohnung seiner Eltern, bei unehelichen Kindern Name, Stand und Wohnung der Mutter, sowie des Vormundes;
c) Name, Stand und Wohnung der Kostgeberin genau anzugeben und erforderlichen Falls amtliche Nachweisung darüber vorzulegen.

§ 5. Die erteilte Erlaubnis erlischt bei etwaigem Wohnungswechsel der Kostgeberin. Vor solchem Wechsel ist daher die Erlaubnis zur Fortsetzung des Pflegeverhältnisses nachzusuchen.

§ 6. Die erteilte Erlaubnis wird zurückgenommen, wenn die Kostgeberin die ihr obliegenden Pflichten gegen das Pflegekind vernachlässigt und insbesondere diesem die erforderliche Nahrung und Pflege nicht gewährt, oder wenn sonstwie eine für das Pflegekind nachteilige Veränderung in den persönlichen oder häuslichen Verhältnissen der Kostgeberin eintritt.

§ 7. Hinsichtlich derjenigen noch nicht sechs Jahre alten Kinder, welche sich beim Inkrafttreten dieser Polizeiverordnung bereits in einem Pflegeverhältnisse im Sinne des § 1 dieser Verordnung befinden, ist von der Kostgeberin binnen 14 Tage nach dem Inkrafttreten dieser Verordnung eine schriftliche Anmeldung nach § 4 an die Polizeibehörde zu erstatten und damit zugleich das Gesuch um Erteilung der Erlaubnis zum Halten von Kostkindern zu verbinden.

Auch im übrigen finden die vorstehenden Vorschriften auf bereits bestehende Pflegeverhältnisse gleichmäßige Anwendung.

§ 8. Ferner unterliegen den Bestimmungen dieser Polizeiverordnung diejenigen Personen, welche mit Pflegekindern in den diesseitigen Verwaltungsbezirk neu anziehen.

§ 9. Während des Pflegeverhältnisses ist den Beamten der Polizeibehörde oder den von derselben schriftlich legitimierten Personen, namentlich Mitgliedern von wohltätigen Frauenvereinen, von den Kostgeberinnen der Zutritt zu ihren Wohnungen zu gestatten, die Erlaubniserteilung zur An=

nahme der Pflegekinder auf Verlangen vorzulegen und jede das Pflegeverhältnis betreffende Auskunft wahrheitsgetreu zu erteilen, auch sind die Kinder auf Erfordern vorzuzeigen.

§ 10. Die in dieser Polizeiverordnung vorgeschriebenen Anzeigen haben unbeschadet der Vorschriften über das polizeiliche Meldewesen zu erfolgen.

§ 11. Jede Zuwiderhandlung gegen die Polizeiverordnung wird mit Geldstrafe bis zu 30 Mark geahndet, an deren Stelle im Unvermögensfalle verhältnismäßige Haft tritt.

§ 12. Diese Polizeiverordnung tritt mit dem 1. April d. J. in Kraft.

Cassel, den 17. Februar 1881.

Königliche Regierung, Abteilung des Innern.

5. Reg.-Bez. Schleswig.

S. 1 ff., S. 13 verordne ich nach erfolgter Zustimmung des Bezirksausschusses unter Aufhebung der Polizeiverordnung vom 25. September 1879 für den Umfang des Regierungsbezirks, was folgt:

§ 1. Personen, welche gegen Entgelt von den Eltern getrennt unterzubringende, noch nicht schulpflichtige Kinder in Kost und Pflege nehmen wollen, bedürfen dazu einer schriftlichen, widerruflich zu erteilenden Erlaubnis ihrer Ortspolizeibehörde.

§ 2. Die Erlaubnis muß bei einem etwaigen Wohnungswechsel aufs neue nachgesucht werden.

§ 3. Den Organen der Polizeiverwaltung und der Armenpflege, dem Kreisphysikus, den Mitgliedern des Gemeindevorstandes, den Kommunal- und Polizeiaufsichtsbeamten, den Waisenräten und dem Vormunde, sowie sonstigen von der Ortspolizeibehörde beauftragten, mit einer Legitimationskarte versehenen Personen ist von den Kostgebern der Zutritt zu ihren Wohnungen zu gestatten, ihnen auf alle die Pflegekinder betreffenden Fragen wahrheitsgetreue Auskunft zu erteilen und ihren Ratschlägen und Anordnungen über die Behandlung und Erziehung der Kinder Folge zu leisten. Auch sind auf Verlangen die Kinder vorzuzeigen.

§ 4. Die einzelnen in Pflege zu nehmenden Kinder sind von den Kostgebern binnen 3 Tagen der Ortspolizeibehörde anzumelden, und, wenn das Kostverhältnis, sei es durch Lösung der Vereinbarung, sei es infolge Ablebens des Kindes aufhört, binnen 24 Stunden abzumelden.

In ersterem Falle ist über den Verbleib des Kindes Mitteilung zu machen, in letzterem ist bei Polizeibehörde die ärztliche Todesbescheinigung vorzulegen.

Wenn in dem Hause der Kosteltern ansteckende Krankheiten ausbrechen, oder wenn das Kostkind ernsthaft erkrankt zu sein scheint, haben die Kosteltern hiervon Anzeige bei der Ortspolizeibehörde zu machen.

§ 5. Bei den Anmeldungen sind der Name des Kindes, Ort und Tag seiner Geburt, Name und Wohnung der Eltern anzuzeigen, bei unehelichen Kindern die Geburtsurkunde, ein ärztlicher Schein über die Gesundheit des Kindes, der Nachweis über die Wohnung der Mutter und des Vormundes vorzulegen.

§ 6. Die Übertretung der gegebenen Vorschriften wird mit Geldstrafe bis zu 30 Mark, im Unvermögensfalle mit entsprechender Haft bestraft.

Schleswig, den 17. Mai 1896.

Der Regierungspräsident.

6. Polizeipräsident von Berlin.
Polizeiverordnung vom 2. Dezember 1879.

Auf Grund der §§ 5, 6 und 11 des Gesetzes vom 11. März 1850 über die Polizeiverwaltung (G.S. 1850 S. 265) verordnet das Polizeipräsidium, nach Beratung mit dem Gemeindevorstand für den Polizeibezirk Berlin, was folgt:

§ 1. Diejenigen Personen, welche gegen Entgelt fremde, noch nicht 4 Jahre alte Kinder in Kost und Pflege halten wollen, bedürfen dazu der Erlaubnis des Polizeipräsidiums.

§ 2. Dieselbe wird nur auf Widerruf und nur solchen verheirateten, verwitweten oder ledigen Frauen erteilt, welche nach ihren persönlichen Verhältnissen und nach der Beschaffenheit ihrer Wohnungen geeignet erscheinen, eine solche Pflege zu übernehmen.

§ 3. Die Erlaubnis muß vor einem etwaigen Wohnungswechsel aufs neue nachgesucht werden.

§ 4. Im Falle einer üblen Behandlung der Kinder oder bei einer denselben nachteiligen Veränderung der häuslichen Verhältnisse wird die Erlaubnis zurückgenommen.

§ 5. Den Beamten des Polizeipräsidiums und den von demselben beauftragten Personen haben diejenigen, welche um die Erlaubnis, derartige Kinder (§ 1) in Pflege zu nehmen oder zu behalten, eingekommen sind oder welche nach erteilter Erlaubnis derartige Kinder in Pflege haben, Zutritt zu ihren Wohnungen zu gestatten, auf alle die Pflegekinder betreffenden Fragen Auskunft zu erteilen und dieselben auf jedesmaliges Erfordern vorzuzeigen.

§ 6. Wer solche Kinder in Pflege genommen hat, muß dieselben bei dem Bureau desjenigen Polizeireviers, in welchem er wohnt, anmelden und, sobald dieses Verhältnis, sei es durch Ableben des Kindes oder aus anderen Gründen, aufhört, wieder abmelden.

§ 7. Diese Meldungen, bei welchen der Name des Kindes, Ort und Tag seiner Geburt, Name und Wohnung seiner Eltern, bei unehelichen Kindern Name und Wohnung der Mutter und des Vormundes angegeben werden muß, sind mittels der Meldeformulare zu erstatten, welche das Polizeipräsidium für diesen Zweck drucken läßt und welche in jedem Polizeirevierbureau auf Verlangen unentgeltlich verabreicht werden.

§ 8. Durch die Bestimmungen der §§ 6 und 7 dieser Verordnung wird an der Verpflichtung zur Erstattung der durch die Polizeiverordnungen vom 6. Juni 1867[1] und 10. Juni 1874[1] vorgeschriebenen sowie der in der Bekanntmachung vom 30. September 1874[1] erwähnten Meldungen nichts geändert.

§ 9. Diese Polizeiverordnung findet keine Anwendung auf diejenigen Kinder unter 4 Jahren, für welche die Fürsorge der öffentlichen Armenpflege, insbesondere der Armendirektion, Abteilung für die Waisenverwaltung, sowie sonstiger öffentlicher Wohltätigkeitsanstalten eintritt, sowie nicht auf Personen, welche im erweislichen Auftrage eines staatlich genehmigten Wohltätigkeitsvereins oder ohne Verfolgung von Erwerbszwecken im Auftrage eines Angehörigen oder eines Vormundes des Kindes die Fürsorge für dasselbe übernommen haben. Als Angehörige im Sinne dieser Bestimmung gelten die im § 52 des Reichs-Strafgesetzbuchs bezeichneten Personen.

§ 10. Übertretungen dieser Verordnung werden mit Geldbuße bis zu 30 Mark bestraft, an deren Stelle im Falle des Unvermögens verhältnismäßige Haft tritt.

§ 11. Die gegenwärtige Verordnung tritt mit dem 1. Januar 1880 in Kraft.

§ 12. Die Polizeiverordnung vom 31. Januar 1876 ist aufgehoben.
Berlin, den 2. Dezember 1879.
Königliches Polizeipräsidium.

7. Großherzogl. Bezirksamt Karlsruhe.
Bezirkspolizeiliche Vorschrift.

Auf Grund des § 98a P.Str.G.B. wird für den Amtsbezirk Karlsruhe mit Zustimmung des Bezirksrats bezirkspolizeilich vorgeschrieben:

§ 1. Wer ein Kind unter sieben Jahren von Privatpersonen gegen Entgelt zur Verpflegung übernimmt, hat hiervon längstens innerhalb drei Tagen nach der Übernahme an die Ortspolizeibehörde Anzeige zu erstatten. Mit der Anzeige ist die Geburtsurkunde für das Kind vorzulegen und anzugeben, von wem das Kind in Pflege gegeben worden ist.

§ 2. Die Ortspolizeibehörde kann dem Verpfleger die Übernahme oder die Fortsetzung der Verpflegung untersagen, wenn Tatsachen vorliegen, welche die Unzuverlässigkeit des Verpflegers in bezug auf das Aufziehen von Kindern dartun. Gegen die Untersagung steht dem Verpfleger innerhalb einer Notfrist von 14 Tagen die Beschwerde an den Bezirksrat zu.

§ 3. Ändert der Pfleger seinen Wohnsitz oder seine Wohnung, oder wird das Pflegeverhältnis durch Entlassung des Kindes aus der Pflege oder durch dessen Tod aufgehoben, so hat der Pfleger dies binnen 3 Tagen der Ortspolizeibehörde anzuzeigen.

§ 4. Die Ortspolizeibehörde verlässigt sich von Zeit zu Zeit über das Befinden des Pflegekindes und die Art seiner Abwartung und veranlaßt die sofortige Abstellung etwaiger Mißstände.

---

[1] An Stelle dieser Polizeiverordnungen ist die Polizeiverordnung vom 18. Juni 1876 getreten.

§ 5. Der Pfleger ist verpflichtet, den zuständigen Polizeibeamten und den von der Ortspolizeibehörde mit der Aufsicht über die Pflegekinder besonders betrauten Personen jederzeit den Zutritt zu der Wohnung des Pflegekindes zu gewähren, jede erforderte Auskunft zu erteilen und das Kind auf Verlangen vorzuzeigen. Die besonders beauftragten Aufsichtspersonen erhalten von der Ortspolizeibehörde einen Ausweis über den ihnen erteilten Auftrag.

Der Pfleger ist verpflichtet, im Falle einer ersichtlich ernsten Erkrankung des Kindes einen approbierten Arzt beizuziehen.

§ 6. Über die in der Gemeinde von Privatpersonen gegen Entgelt in Pflege gegebenen Kinder unter sieben Jahren hat die Ortspolizeibehörde ein Verzeichnis nach beiliegendem Formular zu führen und eine Abschrift desselben jeweils im Januar eines jeden Jahres dem Bezirksamt vorzulegen.

§ 7. Der in § 1 gedachten Anzeige bedarf es nicht, wenn Personen zu den Kindern, welche sie in Verpflegung nehmen wollen, in verwandtschaftlichem oder sonst nahem Verhältnisse stehen (Großeltern, Geschwister, Vettern, Tanten, Adoptiv= oder Stiefeltern, gerichtlich bestätigte Vormünder).

§ 8. Zuwiderhandlungen gegen die Bestimmungen dieser Vorschrift werden mit Geldstrafen bis zu fünfzig Mark oder mit Haft bis zu 8 Tagen bestraft.

§ 9. Die in den Landgemeinden des Bezirks erlassenen, durch Entschließung Großherzoglichen Herrn Landeskommissärs vom 16. Dezember 1881 Nr. 3281 für vollziehbar erklärten ortspolizeilichen Vorschriften, betreffend Überwachung der Pflegekinder, sowie die unterm 25. Januar 1883 für die Stadt Karlsruhe erlassene ortspolizeiliche Vorschrift, betreffend die Aufsicht auf Pflegekinder, sind durch die vorstehende bezirkspolizeiliche Vorschrift aufgehoben.

Verzeichnis über die in der Gemeinde von Privatpersonen gegen Entgelt in Pflege gegebenen Kinder unter sieben Jahren.

Ordnungsziffer	Vor= und Zuname, Ort und Datum der Geburt des Pflegekindes	Religion	Name und Wohnort der Eltern bezw. Mutter	Name und Wohnort des Pflegers	Zeit des Beginns der Pflege	Tag der Anzeige	Zeit der Beendigung der Pflege durch			Betrag des Pflegegeldes	Von wem ist das Kind in Pflege gegeben?	Haben sich bei der Nachschau Mißstände ergeben? welche?
							Weg-zug	Tod	Kündigung			

III. Vorschriften und Mitteilungen aus Städten.

1. Gotha.

Polizeiverordnung, betreffend das Halten der sogenannten Kost= oder Ziehkinder.

Auf Grund des § 28 Ziff. 2 des Gesetzes über die Organisation der Verwaltungsbehörden im Herzogtum Gotha vom 11. Juni 1858 — G.S. Band X S. 315 — wird für den Stadtbezirk hiermit polizeilich verordnet was folgt:

§ 1. Wer gegen Entgelt ein noch nicht sieben Jahre altes Kind in Pflege übernimmt, ist verpflichtet, hiervon der Polizeiverwaltung binnen drei Tagen von der Übernahme an schriftliche Anzeige zu machen.

§ 2. Die Anzeige (§ 1) muß enthalten:
1. Namen, Ort und Tag der Geburt des Kindes,
2. Namen, Stand und Wohnung seiner Eltern, bei unehelichen Kindern Name, Stand und Wohnung der Mutter sowie des Vormundes,
3. Namen, Stand und Wohnung des Pflegers oder der Pflegerin.

Auf behördliches Verlangen sind diese Angaben zu bescheinigen.

§ 3. Hinsichtlich derjenigen noch nicht sieben Jahre alten Kinder, welche sich beim Erlaß dieser Polizeiverordnung bereits in einem Pflegeverhältnis im Sinne des § 1 befinden, ist von dem Pfleger oder der Pflegerin bis zum 10. Oktober d. J. eine die Angaben in § 2 enthaltende schriftliche Anzeige an die Polizeiverwaltung zu erstatten.

§ 4. Wer ein noch nicht sieben Jahre altes Kind gegen Entgelt in Pflege hat, ist ferner verpflichtet, sobald er seine Wohnung in hiesiger Stadt wechselt, hiervon der Polizeiverwaltung Anzeige zu machen.

§ 5. Während des Pflegeverhältnisses ist den Polizeibeamten oder anderen von der Polizeiverwaltung beauftragten, mit einer entsprechenden Legitimation versehenen Personen von dem Pfleger oder der Pflegerin und deren Hausstande der Zutritt zu ihrer Wohnung zu gestatten und auf alle das Pflegekind betreffenden Fragen Auskunft zu erteilen, auf Erfordern das Kind auch vorzuzeigen.

§ 6. Wird das Pflegeverhältnis aufgegeben oder stirbt das Pflegekind, so hat der Pfleger oder die Pflegerin hiervon binnen 24 Stunden nach dem Aufhören des Pflegeverhältnisses bezw. nach dem Eintritte des Todes der Polizeiverwaltung Anzeige zu machen.

§ 7. Den Vorschriften dieser Polizeiverordnung unterliegen auch diejenigen Personen, welche mit Pflegekindern in den Bezirk hiesiger Stadt neu anziehen.

§ 8. Auf diejenigen Kinder, für welche die Fürsorge der öffentlichen Armenpflege oder sonstiger öffentlicher Wohltätigkeitsanstalten eintritt, oder bereits eingetreten ist, sowie auf diejenigen Personen, welche im erweislichen Auftrage eines behördlich genehmigten Wohltätigkeitsvereins die Fürsorge für ein Pflegekind übernommen haben oder übernehmen, findet diese Polizeiverordnung keine Anwendung.

Die Polizeiverwaltung kann diejenigen Personen, welche ohne Verfolgung von Erwerbszwecken im Auftrage eines Angehörigen (vgl. § 52 des Reichsstrafgesetzbuches) oder eines Vormundes des Kindes die Fürsorge für ein Pflegekind übernommen haben oder übernehmen, findet diese Polizeiverordnung keine Anwendung.

Die Polizeiverwaltung kann ferner diejenigen Personen, welche ohne Verfolgung von Erwerbszwecken im Auftrage eines Angehörigen (vgl. § 52 des Reichsstrafgesetzbuches) oder eines Vormundes des Kindes die Fürsorge für dasselbe übernommen haben oder übernehmen, nach dem Ermessen des Einzelfalles von der Beobachtung der Vorschriften dieser Polizeiverordnung entbinden.

§ 9. Die in dieser Polizeiverordnung vorgeschriebenen Anzeigen haben unbeschadet der sonstigen gesetzlich vorgeschriebenen Anzeigen, namentlich unbeschadet der Vorschriften über das polizeiliche Meldewesen zu erfolgen.

§ 10. Jede Zuwiderhandlung gegen die vorstehenden Bestimmungen wird mit einer Geldstrafe bis zu 30 Mark geahndet, an deren Stelle im Unvermögensfalle entsprechende Haft tritt.

§ 11. Diese Verordnung tritt sofort nach der Veröffentlichung in Kraft.

Gotha, den 30. September 1884.

.Der Stadtrat.

gez. Liebetrau.

Dazu ist ein Nachtrag vom 30. Dezember 1891 folgenden Wortlauts ergangen:

Die Pfleger sind verpflichtet, die Pflegekinder zu der von der Armenkommission ihnen bezeichneten Zeit pünktlich dem Armenarzte zur Untersuchung vorzustellen.

Zuwiderhandlungen werden nach § 10 der genannten Verordnung bestraft.

2. Mainz.

Bedingungen und Vorschriften über die Verpflegung und Erziehung der der Beaufsichtigung des städtischen Erziehungsbeirates zu Mainz unterstellten Kinder.

Die Inpflegegebung erfolgt auf Grund des anliegenden Vertrags, (welcher bei Landeswaisenkindern mit der Gr. Provinzialdirektion Starkenburg, bei Findel- und verlassenen Kindern mit der Gr. Provinzialdirektion Rheinhessen und bei sonstigen armen Kindern mit der städtischen Armendeputation zu Mainz abgeschlossen wird), sowie auf Grund der nachstehenden weiteren Bedingungen und Vorschriften, welche die Pflegeeltern als Bestand=

teil des vorgenannten anliegenden Vertrages anerkennen und sich dem städtischen Erziehungsbeirat zu Mainz gegenüber zu erfüllen verpflichten:

§ 1. Die unmittelbare Aufsicht über das Pflegekind wird namens des städtischen Erziehungsbeirates von Herrn ....
als Vertrauensmann wahrgenommen.

§ 2. Dem Vertrauensmann, sowie der mit der Mitaufsicht von dem Erziehungsbeirate beauftragten Frau ist auf Verlangen der Pflegling sofort vorzustellen, und ist deren Weisungen in bezug auf Pflege und Erziehung des Zöglings Folge zu leisten. Auch den von dem Erziehungsbeirat besonders beauftragten sonstigen Personen ist das Kind vorzustellen, sowie Auskunft über dessen Pflege zu erteilen.

In gleicher Weise sind die Mitglieder des Erziehungsbeirates, sowie der mit Bearbeitung der Kinderpflegesachen betraute Sekretär des Armenamts zur Beaufsichtigung der Pflegekinder, sowie zu Anordnungen in Hinsicht auf Pflege und Erziehung derselben berechtigt.

§ 3. Das Pflegekind darf zu keinerlei Erwerbszwecken verwendet werden.

§ 4. Bei Kindern in Landpflege ist im Falle ernstlicher Erkrankung die Hilfe des zunächst wohnenden Arztes, bei Kindern in Stadtpflege regelmäßig des zuständigen Armenarztes unter Vorlage des Pflegebuches in Anspruch zu nehmen, und sind deren Verordnungen genau zu befolgen. Bei leichteren Erkrankungen ist das Kind dem Arzte zuzuführen und ist Letzterer nicht zum Besuche desselben einzuladen. In Dringlichkeitsfällen kann der Arzt die sofortige Aufnahme des Kindes in Krankenhauspflege bewirken. Von allen Erkrankungen von Pflegekindern ist dem Vertrauensmann, bei Kindern in Stadtpflege auch dem Armenamt, sofort Mitteilung zu machen; diese Mitteilung hat auch zu erfolgen bei bedenklicher Erkrankung der Pflegeeltern selbst, oder eines ihrer sonstigen Familienglieder.

§ 5. Es ist den Pflegeeltern streng verboten, das Pflegekind im Falle der Erkrankung der Behandlung eines nicht approbierten Arztes (Kurpfuschers 2c.) zu übergeben; auch haben sie sich des Selbstkurierens zu enthalten.

§ 6. Die Pflegeeltern sind für die rechtzeitige Veranlassung der gesetzlichen Impfung sowie für etwaige Schulversäumnisse des Kindes verantwortlich.

§ 7. Bei Kindern in Landpflege sind etwaige Rechnungen über ärztliche Behandlungen, Medikamente und sonstige mit der Kinderpflege im Zusammenhang stehende Ausgaben seitens der Pflegeeltern dem Vertrauensmanne, bei Kindern in Stadtpflege dem Armenamt zur Prüfung einzureichen.

§ 8. Von einem etwaigen Wohnungswechsel der Pflegeeltern ist vor dessen Eintritt dem Vertrauensmanne, bei Stadtpflege auch dem Armenamt Anzeige zu machen.

§ 9. Bei Nichtbeachtung vorstehender Bestimmungen von seiten der Pflegeeltern, oder sobald es für gut befunden wird, kann ohne Angabe von Gründen das bestehende Pflegeverhältnis sofort aufgehoben werden. In solchen Fällen erlischt mit Beendigung des Pflegeverhältnisses der Anspruch auf Weiterzahlung des Pflegegeldes. Auch die Pflegeeltern sind zur Aufhebung des Pflegeverhältnisses und zur Rückgabe des Pflegekindes nach Maßgabe des abgeschlossenen Vertrages berechtigt.

Mainz, den .... 19............

Der Vorsitzende des Erziehungsbeirates:

Zur Erfüllung vorstehender Bedingungen und Vorschriften verpflichten sich durch Unterschrift

...., den .... 19............

Die Pflegeeltern:

....

....

3. Stuttgart.

a. Abkommen zwischen der Ortsarmenbehörde Stuttgart und dem Ausschuß des Württembergischen Frauenvereins für hilfsbedürftige Kinder.

1. Das städtische Armenamt gibt dem Ausschuß des genannten Frauenvereins künftig von jedem Falle, in dem ein Kind ganz oder teilweise auf Kosten der Almosenpflege, mit Zustimmung seiner gesetzlichen Vertreter oder auf dem Zwangsweg bei Privaten oder Anstalten untergebracht wird, sofort Kenntnis.

2. Der Ausschuß des genannten Vereins bestellt für das Kind sofort eine Pflegerin hier oder am Ort seiner Unterbringung, oder in der Nähe der letzteren; die Aufgaben der Pflegerin werden vorbehältlich der Bestimmungen in Art. 3 von dem Verein selbständig festgestellt. Von der Bestellung der Pflegerin ist dem Armenamte durch Angabe ihrer genauen Adresse jeweils alsbald Kenntnis zu geben.

3. Das Armenamt stellt der ihm benannten Pflegerin eine Urkunde aus, die sie den Privaten und Anstalten gegenüber als unterstützende Beauftragte des Armenamts legitimiert, und benachrichtigt seinerseits die Privaten bezw. Anstalten von der Aufstellung einer Pflegerin. Weitere Schritte zur Erlangung des Zutritts in den fraglichen Anstalten bleiben der Pflegerin selbst bezw. dem Stuttgarter Frauenverein überlassen. Die Pflegerin ist berechtigt, Anträge zum Wohle des Pfleglings, zu Beseitigung vorgefundener Mißstände ꝛc., beim Armenamte zu stellen; zu selbständigen Verfügungen dagegen gegenüber den die Pflege besorgenden Privaten oder Anstalten ist die Pflegerin nicht befugt. Die Pflegerin erstattet über jedes ihrer Obhut überwiesene Kind alljährlich einen kurzen besonderen Bericht, der den Akten beigelegt werden kann. Die Entscheidungen der Armendeputation über etwaige Anträge einer Pflegerin sind der letzteren mitzuteilen; bei anderweiter Unterbringung eines Pfleglings kann die Pflegerin gutachtlich gehört werden. Die Pflegerin ist auch in anderen Fällen gehalten,

3. Stuttgart.

auf bestimmte, vom Armenamt gestellte Fragen gutächtlich sich zu äußern, soweit es ihr ohne Aufwand besonderer Kosten möglich ist.

Die Armendeputation bez. das Armenamt behalten sich vor, ihr gesetzliches Aufsichtsrecht nach wie vor durch ihre eigenen Organe oder auf sonst ihnen geeignet dünkende Weise auszuüben, soweit es irgend angezeigt erscheint.

4. Kosten, die einer Pflegerin oder dem genannten Verein durch Ausübung der Aufsichtstätigkeit erwachsen, werden von der Almosenpflege nicht ersetzt, sondern sind von dem Verein selbst zu tragen; für die dem Armenamt durch den Verkehr mit dem Verein oder den einzelnen Pflegerinnen erwachsenden Kost wird ein Ersatz nicht verlangt.

5. Das Armenamt behält sich vor, dem Verein die Adressen schon vor Abschluß dieses Übereinkommens untergebrachter Kinder, insbesondere von vor der Konfirmation stehenden Mädchen, mitzuteilen, worauf seitens des Vereins im übrigen nach den vorstehenden Bestimmungen 1—4 zu verfahren ist.

Ebenso behält das Armenamt sich vor, in künftigen Fällen schon vor der Unterbringung eines Kindes den Ausschuß des Vereins über die Art und eventuell den Ort der Unterbringung gutächtlich zu hören.

6. Hört die Verpflichtung der hiesigen Ortsarmenbehörde, für das betreffende Kind zu sorgen, auf, so erlischt damit auch das Verhältnis des Armenamts zu der entsprechenden Pflegerin bezw. dem Frauenverein; die Pflegerin erhält vom Armenamt jeweils die Anzeige vom Aufhören der Fürsorgepflicht und hat alsdann die Legitimationsurkunde zurückzugeben.

Hört die Fürsorgepflicht auf, weil die Verpflichtung auf einen anderen Armenverband übergeht, so bleibt es der Pflegerin bezw. dem Frauenverein überlassen, wegen Fortdauer des Pflegeverhältnisses sich mit dem nunmehr fürsorgepflichtigen Armenverband ins Benehmen zu setzen.

Das vereinbarte Pflegeverhältnis erlischt ferner, wenn Knaben nach beendeter Schulzeit in Lehrstellen untergebracht werden.

7. „Obiges Abkommen tritt mit dem 1. September 1898 in Kraft."

b. Hierzu Bemerkungen.

Was die Beaufsichtigung der auf Rechnung des Stuttgarter Armenverbands untergebrachten Kinder betrifft, so haben wir (der Gemeindewaisenrat) hierüber folgendes zu bemerken:

Über die Verhältnisse von Familien, die zur Aufnahme von Kostkindern bereit sind, bezw. um Überlassung von Kostkindern nachsuchen, werden vor der Unterbringung Erhebungen angestellt, und nur wenn diese Erhebungen ein günstiges Resultat liefern, wird das Gesuch berücksichtigt. Die Beaufsichtigung der Kinder, soweit sie in Familienpflege untergebracht sind, wird seit Jahren durch die besoldeten städtischen Armenpfleger (z. Z. 2 Armenpfleger und 1 Armenpflegerin) ausgeübt und zwar in der Weise, daß diese Armenpfleger mindestens einmal jährlich — nötigenfalls auch öfters, sich von der Art der Versorgung der meist auswärts (auf dem Land) untergebrachten Armenpfleglinge an Ort und Stelle überzeugen und über den Befund und etwa vorgefundene Mißstände Bericht erstatten.

Besondere Vorschriften über die Art und Weise, wie diese Kontrolle ausgeübt werden soll, bestehen nicht.

Eine Erweiterung der Kontrolle hat seit 1. September 1898 insofern stattgefunden, als infolge eines mit dem Württembergischen Frauenverein für hilfsbedürftige Kinder abgeschlossenen Abkommens die Aufsicht über die fraglichen Armenpfleglinge auch seitens des genannten Vereins (unter Beibehaltung der Kontrolle durch die genannten Organe der Armenverwaltung) durch besondere vom Verein aus seiner Mitte bestellte Pflegerinnen ausgeübt und insofern, als sich diese Fürsorge nicht bloß auf die in Familienpflege, sondern auch auf die in Anstalten untergebrachten Armenpfleglinge erstreckt.

Ein Exemplar dieses Abkommens ist zu gefl. Einsichtnahme angeschlossen.

Eine weitere Ausdehnung wird die Kontrolle künftig erfahren dadurch, daß auch die Versorgung derjenigen Kinder, deren Fürsorge die hier bestehenden Kinderrettungsvereine gegen einen von seiten des hiesigen Armenverbands geleistetet werdenden Kostenbeitrag übernommen haben, bezw. übernehmen, durch die besoldeten städtischen Armenpfleger alljährlich einer Prüfung unterzogen werden wird, was bisher nicht geschah. Eine Kontrolle der Versorgung dieser Kinder durch Damen des Württembergischen Frauenvereins (sog. Pflegerinnen) findet nicht statt.

4. Stadt Posen.

Anweisung für den Ziehkinderarzt.

1. Dem Ziehkinderarzt liegt die ärztliche Überwachung derjenigen innerhalb der Stadt Posen aufhaltsamen Ziehkinder (§ 3 Abs. 2 der Vorschriften für die waisenrätlichen Helferinnen vom 8. Januar 1898) ob, welche ihm von dem Vorsitzenden der Armendeputation überwiesen werden.

2. Er hat alle ihm bei Kontrolle des Ziehkinderwesens von der Armendeputation oder deren Vorsitzenden erteilten Aufträge zu erledigen.

3. Insbesondere hat er jede Pflegestelle innerhalb 8 Tagen, nachdem ihm ein dort untergebrachtes Ziehkind zur Überwachung überwiesen ist, zu besuchen und sorgfältig in hygienischer Beziehung zu prüfen. Über hierbei bemerkte erhebliche Mängel hat er sofort an die Armendeputation zu berichten.

4. Die Ziehkinder sind im ersten und zweiten Lebensjahre alle drei Monate und vom vollendeten zweiten Lebensjahre ab alle sechs Monate von dem Ziehkinderarzt genau zu untersuchen und zu wiegen. Die näheren Bestimmungen darüber werden von der Armendeputation getroffen werden. Bei dieser Gelegenheit hat der Ziehkinderarzt auch festzustellen, ob der Impfpflicht genügt ist.

Ergibt sich bei der Untersuchung, daß ein Ziehkind in seiner Entwicklung zurückbleibt, so ist es von dem Ziehkinderarzt durch zeitweise Besuche in der Pflegestelle zu besuchen. Wird ein Ziehkind dem Ziehkinderarzt zu dem angesetzten Untersuchungstermin nicht zugeführt, so hat er es binnen drei Tagen in der Pflegestelle zu besuchen.

5. Der Ziehkinderarzt ist verpflichtet, dem Ersuchen der zuständigen Helferin um Untersuchung eines Ziehkindes, Besichtigung einer Pflegestelle oder Äußerung über den Gesundheitszustand des Kindes oder die Beschaffenheit der Pflegestelle zu entsprechen.

6. Bemerkt der Ziehkinderarzt die Erkrankung eines Ziehkindes, so hat er — event. unter Mitwirkung der zuständigen Helferin — dafür Sorge zu tragen, daß dem Kinde die erforderliche ärztliche Hilfe zuteil wird (§ 8 Abs. 2 der Vorschriften für die waisenrätlichen Helferinnen). Ist Gefahr im Verzuge, so hat er sich der ärztlichen Behandlung des Kindes, und zwar so lange selbst zu unterziehen, bis ein anderer Arzt die Behandlung übernommen hat. Er ist in diesem Falle befugt, bei Mittellosigkeit der Zieheltern gleich den Armenbezirksärzten Medikamente, Stärkungsmittel, Verbandmaterial u. s. w. zur einstweilen unentgeltlichen Entnahme aus der zuständigen Bezirksapotheke, bezw. dem städtischen Krankenhaus zu verordnen, auch das Kind dem letzteren zu überweisen.

7. Stirbt ein Ziehkind, so hat der Ziehkinderarzt die Todesursache festzustellen und darüber an die Armendeputation zu berichten.

8. Der Ziehkinderarzt nimmt an den Sitzungen der Armendeputation mit beratender Stimme teil.

9. Alljährlich hat der Ziehkinderarzt der Armendeputation einen ausführlichen Bericht über seine Tätigkeit während des abgelaufenen Jahres und die dabei gemachten Beobachtungen einzureichen.

Posen, den 19. März 1898.
Städtische Armendeputation.

5. Halle a. S.

a) Auf Grund der Polizeiverordnung vom 17. Dezember 1880 sind die nachfolgenden Vorschriften für die Zieheltern erlassen:

1. Die Fürsorge und Aufsicht erstreckt sich auf alle in fremder Pflege befindlichen Kinder.

2. Alle diejenigen Ziehmütter, welche ein Ziehkind in Pflege genommen haben, sind verpflichtet, das Kind an dem der Aufnahme folgenden Mittwoch, nachmittags zwischen 3 und 4 Uhr im Geschäftszimmer der Armendirektion, Rathausstraße 1 II, vorzustellen. Dabei haben sie die Papiere, welche Angaben über Alter und Herkunft des Kindes enthalten, vorzulegen und über die Kindesmutter Auskunft zu erteilen. Ebenso haben die Ziehmütter das Kind vorzustellen, wenn sie den Auftrag dazu von den Pflegerinnen, dem Ziehkinderarzte oder der Polizeiverwaltung, Abteilung für das Ziehkinderwesen, erhalten haben. Das Kind ist mit zur Stelle zu bringen, falls nicht Krankheit oder Witterung das Ausführen desselben verbieten. Die Beendigung des Pflegeverhältnisses ist binnen 24 Stunden im Geschäftszimmer der Armendirektion anzuzeigen.

3. In der Regel wird einer Ziehmutter nicht mehr als ein Ziehkind bewilligt.

4. Von den Ziehmüttern ist die nachfolgende Anweisung streng zu befolgen. Eine Übertretung derselben zieht die in der Oberpräsidial=

verordnung vom 17. Dezember 1880 angedrohten Strafen von 3—30 Mark nach sich.

Halle a. S., den 7. März 1900.

Die Polizeiverwaltung, Abteilung für das Ziehkinderwesen.

Pütter.

b. Anweisung für die Ziehmutter.

Die Ziehmütter sollen beherzigen, daß ihnen ein Kind anvertraut ist, für dessen Gesundheit sie nicht nur dem Gesetz, sondern auch ihrem Gewissen verantwortlich sind.

Sie haben nachstehende Bestimmungen einzuhalten:

1. Wohnung, Betten, Kleidung.

Das Zimmer ist täglich zu waschen und zu lüften, bei eintretender Kälte muß für genügende Wärme durch Feuerung gesorgt werden. Der Korb oder das Bett soll sich nicht zu nahe am Ofen oder am Fenster, im Sommer nicht in der geheizten Küche, befinden. Bis zu 1¼ Jahr genügt ein größerer Hebekorb oder Kinderwagen, von dieser Zeit ist eine Bettstelle notwendig. Falls die Mutter die Bettstelle nicht herbeibringt, muß die Ziehmutter für eine solche sorgen. Nie darf das Kind mit Erwachsenen im Bett schlafen. Vorhanden sein müssen während der ersten Monate ein glatt gestopfter Spreusack, dessen Inhalt wenigstens ½ jährlich zu erneuern ist und ein Wickelkissen, später ein Unterbett, Kopfkissen und Zudecke oder Bettchen.

Das Kind soll nicht gewickelt werden. Die Ziehmutter muß ferner als durchaus notwendig 6 leinene und 3 wollene Windeln, 4 Hemdchen, 3 Käppchen, einige Lätzchen und später 2 Anzüge nachweisen können. Die Kleidung ist reinlich und in gutem Zustande zu halten. Die verunreinigten Windeln sind sofort in einen Behälter mit Wasser zu werfen und vor jedem Wiedergebrauche zu waschen.

2. Nahrung und Erziehung.

In den beiden ersten Monaten ist das gesunde Kind täglich warm, nicht zu heiß zu baden, später wenigstens 2 mal wöchentlich. Sonst ist täglich mit gewöhnlichem, im Zimmer gestandenem Wasser Brust und Rücken rasch zu waschen. Mund und Ohren sind nicht mit dem Badewasser, sondern mit reinem Wasser auszuwaschen.

Im Besitze einer jeden Ziehmutter müssen sein: „2 gewöhnliche Glastrinkflaschen mit Strichen, 2 Gummisaughütchen, 1 Spirituslampe, 1 großer und 1 kleiner Milchtopf. Die Flaschen sind sofort nach dem Trinken zu reinigen und mit Wasser zu füllen, die Saughütchen gleichfalls gereinigt ins Wasser zu legen. Die Milch, welche frühzeitig frisch vorhanden sein muß, wird sofort abgekocht und bleibt gut zugedeckt an einem kühlen Orte in kaltem Wasser stehen. Vor dem Trinken wird ein Teil, welchen das Kind trinken soll, nochmals auf Spiritus in einem reinen Töpfchen aufgekocht, noch heiß in die Flasche gegossen und in dem folgenden Verhältnis mit abgekochtem Wasser verdünnt: in dem 1. Monate mit der gleichen Menge Wasser, also 1 Teilstrich der Flasche Milch und 1 Teilstrich Wasser, vom 2—6 Monate 2 Teilstriche Milch mit 1 Teilstrich Wasser. Kaufen soll die Ziehmutter für das Kind täglich:

im 1. Monat $^1/_3$ Liter Milch,
im 2.—6. Monat $^1/_2$—$^3/_4$ Liter Milch,
vom 6. Monate bis 1 $^1/_2$ Jahr 1 Liter Milch,
vom 1 $^1/_2$ bis 2. Jahre $^3/_4$ Liter Milch.
vom 2.—4. Jahre $^1/_2$ Liter Milch.

Zum Beispiel wird das Kind im ersten Monate gewöhnlich 4 Striche in der Flasche trinken, also 2 Striche abgekochte Milch werden heiß in die Flasche gegossen und dazu 2 Striche abgekochtes Wasser. Vom 2. Monate an, wenn das Kind 6 Striche trinkt, 4 Striche Milch und 2 Striche Wasser oder später 6 Striche Milch und 3 Striche Wasser. — Die Wärme der Flasche ist durch das Halten an das Auge zu prüfen, nicht aber, wie oft geschieht, zu kosten. — Bei Zusatz von schleimigen oder Mehlsubstanzen ist das Mehl dünn für den halben Tag zu kochen, und wird bei jedem Trinken der Milch in die Flasche an Stelle des Wassers zugegossen. Nachts soll nur kleinsten Kindern eine Flasche gegeben werden.

Vom 3. Monat an kann eine halbe, später eine ganze gut ausgebackene Semmel oder Nährzwieback, mit Butter und Milch aufgebrüht, oder auch einmal täglich durch die Flasche dünne Mehlsuppe gegeben werden. Alleiniges Füttern ohne Milch ist zu vermeiden.

Ferner sind vom 5. Monat an zur Abwechselung Gries, Grütze, Fadennudeln, Hafer= oder Haidegrütze, mit Milch oder Fleischbrühe aufgekocht, gestattet.

Zulpe und Gummisauger mit Zucker gefüllt sind gänzlich wegzulassen. Nur bei sehr unruhigen und zahnenden Kindern ist ein sauberer, heiler oder mit einem reinen Kork fest abgeschlossener Gummihut ohne Zucker zeit= weise, wenn die Ziehmutter im Zimmer ist, gestattet. Die Ziehmutter soll das Gummihütchen nie mit dem eigenen Munde anfeuchten, dagegen aber täglich öfter gründlich reinigen; nie darf dasselbe sauer riechen. — Abends ist dem Kinde mit einem reinen in abgekochtes Wasser getauchten Leinwand= läppchen der Mund sorgfältig auszuwaschen. Das Kind darf nicht mit der Flasche im Munde allein gelassen werden.

Es ist nicht jede dünne, sauer und übelriechende Ausleerung auf die Zahnung zu schieben.

Strengste Vorsicht bei solchen Ausleerungen ist dringend notwendig.

Sobald das Kind zweimal Durchfall zeigt, ist die Milch sofort aus= zusetzen und das Kind einige Stunden hungern zu lassen, darauf ist dünner Haferschleim, (1 Messerspitze mit 1 Tasse Wasser aufgekocht), in kleinen Quantitäten $^1/_2$ Tag zu geben. Dann abwechselnd Haferschleim mit dünner Mehlsuppe oder Kalbsknochenbrühe, bis die Diarrhöe beendigt ist, und nun ist erst allmählich mit der Milch wieder zu beginnen. An Stelle der Milch ist auch gute Sahne mit 2—3 Teilen Wasser verdünnt dem Kinde oft zu= träglich. — Alles Probieren ist zu unterlassen und bei nicht baldigem Nach= laß sofort die Hilfe der Pflegerin in Anspruch zu nehmen.

Bei schönem Wetter muß das Kind täglich, wenn es gesund ist, an die Luft gebracht werden, Zugluft, heftiger Ostwind und schlechte Witterung sind zu vermeiden, abends soll es nicht zu spät ins Bett gelegt und darin vor grellem Lichtscheine behütet werden. Von Kindern, welche an ansteckenden Krankheiten, Masern, Scharlach, Keuchhusten, Diphtherie leiden, ist es streng zu entfernen; brechen solche Krankheiten in der eigenen Familie der Zieh= mutter aus, so ist der Ziehkinderarzt sogleich zu benachrichtigen.

Bei gesunden Kindern findet die Impfung gemäß dem Gesetze vor dem Ablaufe des auf sein Geburtsjahr folgenden Kalenderjahres statt, eine Be= freiung von ihr bei Schwäche oder Krankheit des Kindes vermittelt der Ziehkinderarzt. Nie darf das Kind mit der Faust, Stöcken, Stricken, Riemen oder anderen Werkzeugen auf den Kopf, Gesicht, Rücken geschlagen werden, nur auf die Hände sind mit einer schwachen birkenen Rute nicht zu starke Schläge, sodaß nie Striemen entstehen, bei einem älteren Kinde gestattet. Die Zieheltern sollen vor allem versuchen, durch verständiges Zureden dem Kinde seine Unarten abzugewöhnen. Ferner soll das Kind nie auf den Mund geküßt werden. Eine Aufnahme des Kindes in eine Kinderbewahr= anstalt oder einen Kindergarten darf in der Regel erst in einem Alter von 2 1/2 Jahren erfolgen. Erkrankte Ziehkinder erhalten, solange nicht Armen= ärzte angestellt sind, durch die medizinische Poliklinik freie Behandlung und Medizin. Falls die Kinder nicht in die Sprechstunde gebracht werden können, sind die Bestellungen möglichst früh vor 8 Uhr abzugeben. Die notwendige Unterbringung in die Klinik geschieht auf Anweisung des das Kind behandelnden Privatarztes oder sonst auf die des Ziehkinderarztes Dr. med. Reineboth, ebenso erteilt derselbe Mittwochs nachmittags im Geschäftszimmer der Armendirektion und bei dringenden Fällen Rat in seiner Wohnung, Gr. Steinstraße 17 II, gegenüber Hotel „Stadt Hamburg". Die Ziehmütter sollen die Mutter des Kindes von dem Inhalte dieser Ver= ordnung unterrichten und sie darauf aufmerksam machen, daß es für das Kind bis zum 2. Jahre mit der größten Gefahr verbunden ist, dasselbe Sonntags zu sich zu nehmen, es weit auszufahren und andere Milch, sowie unzweckmäßige Nahrung (Kuchen, Bier) zu verabreichen. Die Ziehmutter muß Streitigkeiten mit der Mutter des Kindes zu vermeiden suchen.

3. Kontrolle der Kinder.

Der durch den Ziehkinderarzt bezw. die Pflegerinnen ausgeübten Kontrolle der Kinder sollen die Ziehmütter keine Hindernisse bereiten, sondern darin vielmehr die Absicht erkennen, ihnen bei der Erziehung der Kinder mit Rat und Tat an die Hand zu gehen. Sie sollen diesen Personen freundlich entgegenkommen, vorbehaltlos jede gewünschte Auskunft erteilen und ihren Ratschlägen und Anordnungen ein williges Ohr leihen und pünktlich nach= kommen.

Zu den allgemeinen, ihnen bekannt gegebenen Kontrollversammlungen und sonst von den Pflegerinnen, dem Ziehkinderarzte oder der Polizei= verwaltung, Abteilung für das Ziehkinderwesen angeordneten Vorstellungen haben sie sich mit dem Kinde pünktlich einzufindrn.

c. Bestimmungen über das Halten von städtischen Pflegekindern in Halle a. S.

§ 1. Als Pflegeeltern können nur solche Personen ausgewählt werden, welche nach dem Urteil der Armendirektion zur Erziehung der Kinder befähigt sind, einen eigenen Haushalt, sowie eine geräumige gesunde Wohnung besitzen und für ihre Person keine Unterstützung aus der Armenkasse beziehen.

§ 2. Dieselben übernehmen gegen das ihnen zugebilligte Pflegegeld die Verpflichtung, gemäß der nachstehenden Anweisung die ihnen anvertrauten Kinder liebevoll und freundlich zu behandeln, ihnen angemessene gesunde Nahrung, sowie eine angemessene Schlafstelle zu geben und in Ordnung und Reinlichkeit zu erziehen, auch zu fleißigem Schul- und Kirchenbesuch anzuhalten. Den Anordnungen der städtischen Pflegerinnen haben die Pflegeeltern mit der größten Bereitwilligkeit und Artigkeit sich zu unterwerfen.

§ 3. Die Pflegeeltern sind verpflichtet, sich an dem der Aufnahme des Kindes folgenden Mittwoch nachmittags zwischen 3 und 4 Uhr im Geschäftszimmer der Armendirektion, Rathausstraße 1^{II}, mit dem Kinde zur ärztlichen Untersuchung desselben einzufinden.

Ebenso haben die Pflegeeltern einer Aufforderung hierzu seitens der städtischen Pflegerinnen, des Ziehkinderarztes oder der Armendirektion unweigerlich Folge zu leisten.

Sind die Kinder krank, so ist hiervon den Pflegerinnen vor der Vorstellung Mitteilung zu machen.

§ 4. Bekleidungsstücke, welche seitens der Armendirektion den Pflegeeltern für die Pflegekinder übergeben werden, dürfen nur von letzteren und nicht etwa von eigenen Kindern getragen werden.

§ 5. Den Pflegeeltern steht das väterliche Züchtigungsrecht zu, ernste Mißhandlungen sind strengstens untersagt. In Fällen, in denen sich die angewendeten Züchtigungsmittel nicht ausreichend erweisen, ist der Armendirektion Mitteilung zu machen.

§ 6. Kinder zu leichten Handarbeiten, zum Wegegehen und dergleichen Hilfsleistungen in angemessenem Umfange heranzuziehen, ist gestattet, doch muß denselben andererseits auch so oft als möglich Erholung in freier Luft, sowie die gehörige Zeit und geeigneter Raum zur Anfertigung der Schularbeiten gewährt werden.

In keinem Falle dürfen die Kinder zu schweren, ihr Alter und ihre Kräfte übersteigenden Arbeiten und nie zu Fabrik- oder anderer Lohnarbeit verwendet werden.

§ 7. Findet eine Prüfung der Pflegeverhältnisse durch die städtischen Pflegerinnen oder den Ziehkinderarzt statt, so haben die Pflegeeltern alle an sie gerichteten Fragen offen zu beantworten und in jeder Beziehung über ihren Pflegling gewissenhaft Auskunft zu erteilen. Die bei dieser Gelegenheit etwa gegebenen Vorschriften haben sie pünktlich zu befolgen.

§ 8. Sobald ein Kind ernstlich erkrankt, haben die Pflegeeltern der zuständigen städtischen Pflegerin oder der Armendirektion unverzüglich Anzeige zu erstatten, welche das Weitere veranlassen werden. Krankenhausbehandlung wird bis auf weiteres in den Königl. Universitätskliniken gewährt.

§ 9. Jeder Wohnungswechsel der Pflegeeltern ist von diesen der Armendirektion und dem zuständigen Armenpfleger sofort anzuzeigen.

§ 10. Falls die Abnahme der Pfleglinge gewünscht wird, haben die Pflegeeltern mindestens drei Tage vorher bei der betreffenden städtischen Pflegerin den bezüglichen Antrag zu stellen.

§ 11. Der Armendirektion steht das Recht zu, bei Zuwiderhandlungen gegen vorstehende Bestimmungen die Kinder jederzeit anderweit unterzubringen.

§ 12. Die Auszahlung des Pflegegeldes erfolgt bei dem Armenpfleger des Bezirks am 14. und 28. jeden Monats nachträglich gegen Vorzeigung dieser Anweisung.

  Die Armendirektion.   Der Gemeindewaisenrat.
        (Name.)

6. Elberfeld.

Elberfelder Frauenverein. Aufsicht über die Pflegekinder für 1901.

Die leitende Aufsichtsdame berichtet:
Unsere Aufsicht erstreckte sich im verflossenen Jahre auf . . 156 Kinder
 (gegen 67 im Vorjahre),
davon wurden im Laufe des Jahres den Müttern zurück=
 gegeben 37
nach anderen Orten abgemeldet 20
von der Armenverwaltung in Pflege genommen . . 1
von anderen an Kindesstatt angenommen 3
in den „Kinderhort", der unserer Aufsicht nicht unterstellt
 ist, aufgenommen 1
in die Anstalt für verlassene Kinder aufgenommen . . 1
aus der Aufsicht nach Vollendung des 6. Lebensjahres
 entlassen 3
und es starben (die Mehrzahl unter 1 Jahr alt) . . 30
                 96
In unserer Aufsicht verblieben demnach . . .   60 Kinder.

Die Aufsicht wurde im ganzen von 22 Damen ausgeübt.

Die Zahl der beaufsichtigten Kinder ist nach vorstehendem eine ungewöhnlich große gewesen. Es hat dies zum Teil darin seinen Grund, daß zwei gewerbsmäßige Einrichtungen zur Aufnahme von Pflegekindern hierselbst entstanden sind, welche in unsere Aufsicht mit einbezogen wurden und auf die allein 43 der Kinder entfallen. Zum Teil ist auch wohl ein Grund in den ungünstigen Erwerbsverhältnissen zu finden, wodurch das Heiraten der unehelichen Mütter hingehalten worden ist.

Die Zahl der Sterbefälle, welche $^1/_5$ der Gesamtzahl dieser Kinder ausmacht, erscheint auf den ersten Blick hoch. Die Sterblichkeit im frühen Kindesalter ist aber bekanntlich im allgemeinen hoch. Nach den Veröffentlichungen des Statistischen Amtes der Stadt Elberfeld entfiel im Jahre 1901 von allen Sterbefällen etwa die Hälfte auf das Kindesalter unter 5 Jahren. Berücksichtigt man nun, daß die obigen, fast sämtlich unehelichen Kinder zumeist unter den ungünstigsten Verhältnissen geboren werden, der natürlichen mütterlichen Ernährung und Pflege entbehren müssen und nicht einmal Ersatz dafür in einer dauernden anderen Pflege finden, sondern aus einem Pflegeverhältnis in das andere übergehen, die Bedingungen einer gesunden Entwicklung also vielfach fehlen, so wird es nicht befremdlich sein, wenn etwa die Sterblichkeit bei diesen Kindern über das gewöhnliche Maß hinausginge. So sehr diese Kinder zu beklagen und eines Schutzes bedürftig sind, so erfreulich ist für uns die Wahrnehmung, daß die Pflegemütter durchweg die ihnen anvertrauten Kinder sehr gut versorgen, obwohl es leider mit der Bezahlung oft noch recht schlecht bestellt ist.

Eine Vorführung der Kinder in unserem Hause zum Zwecke der Nachbesichtigung durch den Arzt hat im vorigen Jahre zweimal stattgefunden und das Ergebnis dieser Besichtigung war beide Male ein recht gutes.

(Aus dem Jahresbericht.)

7. Kiel.
Auszug aus den Verhaltungsmaßregeln für das Halten der Kostkinder.

§ 5. Kinder unter einem Jahre sind monatlich einmal dem Direktor der Medizinischen Poliklinik vorzustellen. Es gelten hierfür folgende Bestimmungen:

§ 6. Pflegeeltern, welche ein Kind mit polizeilicher Erlaubnis in Pflege erhalten haben, sind verpflichtet, dasselbe sofort in der medizinischen Poliklinik, zur Zeit Ecke Hospital- und Brunswiekerstraße 12, während der Sprechstunden, von 11—1 Uhr täglich, vorzustellen.

§ 7. Ferner sind daselbst vorzustellen an jedem ersten Mittwoch im Monat und zwar 2 Uhr nachmittags die Kinder, deren Familiennamen mit den Buchstaben von A—L beginnen, und an jedem zweiten Mittwoch im Monat um die vorangegebene Zeit diejenigen Kinder, deren Familiennamen mit den Buchstaben von M—Z beginnen.

§ 8. Können Kinder wegen Krankheit nicht vorgestellt werden, so haben die Pflegeeltern die Pflicht, dem Direktor der Medizinischen Poliklinik schriftlich oder mündlich Nachricht zu geben, damit die Kinder im Hause besucht werden können.

Die Nichtbeachtung dieser letzteren Vorschriften unter 5—8 zieht die Entziehung des Erlaubnisscheins nach sich, der alsdann auch für ein anderes Pflegekind nicht erteilt wird.

Kiel, den 1. April 1896.   Die Polizeibehörde.

8. Breslau.
Geschäftsanleitung für die Bezirks-Armenkommissionen der Stadt Breslau und deren Mitglieder, vom 16. April 1898 (neue Fassung vom 21. März 1902).

§ 49. Die in der Stadt Breslau selbst bei Privatpersonen[1] in Pflege untergebrachten städtischen Kostkinder unterstehen der Aufsicht der betreffenden

---

[1] Nur ganz gesunde Kinder sind im allgemeinen in Privatpflege unterzubringen (bezw. darin zu belassen). Pl.-Beschl. v. 7. Aug. 1801. Iw 1106/01 vgl. § 46 Abs. 2a, § 51 Abs. 2 u. § 63.

Bezirksvorsteher. Für jedes solche Kind wird dem Bezirksvorsteher vom Bureau Ia ein Kostgeldbogen (Formular 29) zugefertigt.

Der Bezirksvorsteher trägt die Kinder in seine Kostgeldverteilungs=liste (Formular 30) ein, auf Grund deren er allmonatlich — unter Bei=fügung der Kostgeldbogen — die von ihm zu verzahlenden Kostgelder dem Bezirksarmendirektor liquidiert (Formular 30a) und an die Pflegemütter gegen deren in die Liste zu setzende Quittung verzahlt. (Ist der Kostgeld=bogen nicht im Bezirke, so ist die Kostfrau wegen der Kostgeldzahlung ins Bureau zu weisen.)

Auf korrekte Führung der Kostgelderliste ist besonders zu halten — bei Verzug der Kostfrau aus dem Bezirke ist das Kind darin zu streichen und der Kostgeldbogen dem Bureau Ia zurückzureichen; die Bestimmung des § 44 Abs. 7, 8 findet sinngemäße Anwendung (die Umzugsmeldung darf also nur in der Zeit vom 2. bis 8. eines Monats, nach Verzahlung des Kostgeldes stattfinden, Form. 32b und 33a).

Spätestens einen Monat vor Ablauf eines auf Zeit bewilligten Kost=geldes hat der Bezirksvorsteher unter nochmaliger Prüfung und Begut=achtung des Pflegeverhältnisses einen neuen Beschluß über die etwaige Weiterbewilligung herbeizuführen, welcher, soweit seine Bezirkskommission nach § 48 Abs. 8 für die Bewilligung nicht die allein zuständige sein sollte, jedenfalls als gutachtlicher — vorbehaltlich der weiteren Beschlußfassung durch die Armendirektion, die Kommission des Aufenthalts der Eltern des Kindes u. s. w. — gilt. Das Kostgeld für den laufenden oder den nächst=folgenden Monat (vgl. Abs. 3) ist auch in diesem Falle nötigenfalls durch Formular 17a bald auszuzahlen.

Behufs Unterstützung der Bezirksvorsteher in der Aufsicht über die städtischen Kostkinder wird jedes Kostkind über 4 Jahre außerdem einer Dame des Armenpflegerinnenvereins unterstellt (Formular 32, 32a). Diese hat das Kostkind allmonatlich wenigstens einmal aufzusuchen und sich nament=lich zu überzeugen, ob die nach der Instruktion für die Pflegemütter den letzteren obliegenden Pflichten genau erfüllt werden. Wahrgenommene Miß=stände hat dieselbe dem Bezirksvorsteher sofort anzuzeigen (Form. 32c).

Bei der Aufsicht über die Kostkinder unter 4 Jahren wirken die Damen des Kostkinder=Aufsichtsvereins in ähnlicher Weise mit (Form. 33, 33a u. s. w.).

Findet der Bezirksvorsteher, daß ein Kostkind nicht gut untergebracht ist, oder daß die sonstigen für die Kostfrauen geltenden Bestimmungen nicht beachtet werden, so hat er die sofortige Wegnahme, und bei Kindern über ein Jahr die Einlieferung ins Kinderdepot (Form. 26), bei Kindern unter einem Jahre aber erforderlichenfalls die direkte Unterbringung in einem anderen guten Pflegeverhältnisse bei einer Pflegefrau derselben Konfession anzuordnen, und hiervon dem Bureau Ia ungesäumt Mitteilung zu machen.

Diese allgemeine Aufsicht, Kontrolle und Fürsorge erstreckt sich über und für alle städtischen Kostkinder, also auch die Stadtmündel (§ 46 Abs. 1). Über letztere wird aber daneben noch eine besondere Kontrolle im Bureau I im Dezernate des Generalvormundes geführt, alle — Organe und Beamten der Armenverwaltung sind verpflichtet, dem Ersuchen des

Generalvormundes wegen Überwachung und außerordentlicher Revisionen der Stadtmündel, sowie Berichterstattung über dieselben aufs sorgfältigste zu entsprechen.

(Aus der Geschäftsanleitung für die Bezirks-Armenkommissionen.)

9. Berlin.

Waisenkostpflege.

Funktionen des Gemeindewaisenrats.

§ 2. Dem Gemeindewaisenrat liegt die Beaufsichtigung der in seinem Bezirke in Waisenkostpflege untergebrachten Kinder hinsichtlich deren Pflege und Erziehung, sowie die Auszahlung des Kostgeldes an die Pflegeeltern und die Geschäftsführung mit der Waisenverwaltung ob.

Der Waisenrat hat die Verhältnisse derjenigen Familien seines Bezirkes, welche sich zur Übernahme von Waisenkindern melden, zu prüfen und zu begutachten.

Die Kostgeldauszahlung erfolgt durch denjenigen Pfleger oder durch diejenige Pflegerin, dem oder der die betreffende Pflegestelle zur Aufsicht überwiesen ist.

Soweit zum Gemeindewaisenrat Waisenpflegerinnen gehören, beaufsichtigen diese die sämtlichen Waisenmädchen, sowie die Knaben bis zu deren Einschulung. Die Aufsicht über die schulpflichtigen Knaben führen in jedem Falle die Waisenratsmitglieder.

Beaufsichtigung der Kinder und Erstattung der Erziehungsberichte.

§ 12. Darüber, daß die Pflegeeltern ihren Pflichten gegen die ihnen übergebenen Waisenkinder in jeder Beziehung gewissenhaft Genüge leisten, haben die Waisenratsmitglieder und Pflegerinnen zu wachen. Sie werden daher die ihnen zur Beaufsichtigung überwiesenen Pflegestellen so oft wie möglich revidieren und dabei vor allem auf die Lebensweise und den Charakter der Pflegeeltern, sowie auf die äußere Erscheinung und das Wesen des Kindes ihr Augenmerk zu richten haben.

Über die Resultate dieser Revisionen ist, ohne weitere Erinnerung, der Waisenverwaltung Mitte Mai und Mitte November jeden Jahres auf Formular Nr. 59 (Anlage B.) Bericht zu erstatten. Wichtige Vorkommnisse, welche die Pflegestelle oder das Kind selbst betreffen, sind jedoch der Waisenverwaltung ungesäumt anzuzeigen.

IV. Die Einrichtung und Handhabung des Ziehkinderwesens in der Stadt Halle a. S.

Die bisherigen Erfahrungen[1].

Von Prof. Dr. Reineboth, Ziehkinderarzt der Stadt Halle[2].

Das Zieh- und Pflegekinderwesen in der Stadt Halle ist mit dem 1. April 1900 einer Neuregelung unterworfen worden. Während früher die Kontrolle der „Ziehkinder" durch Polizeiorgane, speziell die Exekutivpolizei, und diejenige der „Pflegekinder" durch eine Pflegerin des Frauenvereins für Waisenpflege ausgeübt wurde, ist die Beaufsichtigung beider seit genanntem Termin der Armendirektion als besonderer „Abteilung für das Ziehkinderwesen" zugewiesen. — Der Mangel der erstgenannten Kontrolle zeigte sich sofort in der vollständigen Unzulänglichkeit der Listen, in denen Ziehkinder verzeichnet waren, die längst verzogen oder gestorben waren. Die neue Einrichtung wurde geschaffen in Anlehnung an das Ziehkinderwesen in Leipzig. Der Dezernent der Armenverwaltung ist in allen Fragen zunächst die entscheidende Instanz. Der Kontrolle unterliegen sämtliche Zieh- und Pflegekinder. Unter ersteren versteht man diejenigen, welche auf Kosten des Vaters oder der Mutter in fremder Pflege untergebracht sind; ihre Kontrolle läuft bis zum Ablauf des 6. Lebensjahres. Unter Pflegekindern sind die zu verstehen, welche gegen städtische Entschädigung in fremder Pflege sich befinden; ihre Kontrolle geht bis zum 14. Lebensjahre.

Die Abteilung für das Ziehkinderwesen besitzt ein eigenes, zugleich für das Sekretariat eingerichtetes, mit den übrigen Räumen der Armendirektion zusammenhängendes Zimmer. Dasselbe ist licht und genügend geräumig. Es enthält längs der zwei Fenster einen einfachen Tisch, auf ihm ein gepolstertes abwaschbares Kissen, welches mit wollenen windelartigen Tüchern bedeckt wird. Dem Fenstertisch parallel steht im Zimmer ein zweiter, überall frei zugänglicher Tisch. Auf ihm befindet sich eine Kinderwage und ein zweites dem erstgenannten ähnliches Kissen. An einer der Wände befindet sich ein Schreibtisch, an einer anderen ein Listenpult, an der dritten ein kleiner Schrank, in dem die genannten wollenen Windeln, die gebräuchlichsten Hautsalben gegen Hautausschlag, Lebertran, Kindernährmittel &c. aufbewahrt werden. Das anstoßende Zimmer dient als Warteraum bei den Wochenuntersuchungen.

---

[1] Der Aufsatz erschien ſim Dezemberheft (1901) der Zeitschrift für Krankenpflege. Berlin W. 35.

[2] Verfasser ist am 3. August 1902 an Blinddarmentzündung gestorben.

Die ärztliche Ausstattung des Zimmers besteht, außer in der Wage, in Thermometern, Spateln, Maßen, einer Schere, einer Sonde, notdürftigem Verbandzeug.

Wenn wir die Pflicht der einzelnen Beamten durchgehen, werden wir ein leicht faßbares Bild der Tätigkeit der Ziehkinderabteilung erlangen.

Der Arzt des Ziehkinderwesens hält wöchentlich einmal im genannten Zimmer, wir wollen sagen, Sprechstunde. Es sind zu unterscheiden zwei Arten dieser Sprechstunde.

1. **Die semesterlichen Kontrollen sämtlicher Ziehkinder.** Es haben sämtliche Zieh= und Pflegekinder (ca. 500) zu erscheinen und zwar werden sie in Gruppen von 50—60 hintereinander bestellt. Hier findet keine diffizile ärztliche Untersuchung statt. Es handelt sich ärztlich darum, nur die hauptsächlichsten körperlichen Schäden zu entdecken und abzustellen. Diese sowohl als Krankheitsverdächtige werden zu den Wochenuntersuchungen wiederbestellt. Die semesterlichen Kontrollen sind, möchte ich sagen, mehr der Pflegeeltern wegen da, damit das Gefühl der Verantwortlichkeit in ihnen wachgehalten wird; der Entdeckung körperlicher Gebrechen und Krank= heiten, also der direkten ärztlichen Beeinflussung dienen:

2. **Die Wochenuntersuchungen.** Zu diesen werden weniger Kinder bestellt, um sie eben genauer untersuchen zu können. Man hat hier wohl zu unterscheiden zwischen den Kindern bis zu zwei Jahren und über diese hinaus.

Die kleinen Kinder werden zunächst und vom Ziehkinderarzt auf dem oben erwähnten Kissen des Fenstertisches untersucht. Die Pflegerin zur Rechten des Arztes nennt, zugleich vernehmbar für den Bureaubeamten, den Namen des Kindes, das Alter, das Gewicht, resp. die Differenz des Ge= wichtes gegen die vorige Wägung. Die Zieh= oder Pflegemutter zur Linken des Arztes gibt auf Fragen der Diätetik, der sonstigen Lebensäußerungen des Kindes Auskunft.

In der überwiegenden Mehrzahl der Fälle ist es die Rachitis in allen ihren Formen, die hier zur Beobachtung kommt. Besonderes Augenmerk hat der Arzt auf Erscheinungen von Syphilis zu richten, da event. eine Übertragung auf die Pflegeeltern oder die Kinder dieser stattfinden kann. Die Zahl der syphilitischen Kinder ist nicht hoch, aber immerhin bemerkens= wert. Brechdurchfälle kommen selten zur Beobachtung, weil dieselben infolge der unten zu schildernden besonderen Maßnahmen gewöhnlich schon in ärztlicher Behandlung sind. Eine Tafel im Vorzimmer angebracht, macht es jeder Zieh= resp. Pflegemutter zur Pflicht, unaufgefordert anzugeben, ob das Kind an Brechdurchfall, Masern, Husten, Keuchhusten und Ohrlaufen leidet resp. eben gelitten hat.

Bei den größeren Kindern sind es die adenoiden Wucherungen, die die Hauptsumme der Diagnosen ausmachen. In zweiter Linie sind es rachitische Deformitäten, die der orthopädischen Behandlung zugewiesen werden müssen. Ebenso häufig kommen Ohraffektionen zur Beobachtung; skrophulöse Augen= erkrankungen sind seltener. In einigen Fällen wurden chronische Bronchial= katarrhe und Lungenspitzenaffektionen festgestellt.

In diesen wöchentlichen Sprechstunden wird außer diätetisch oder im all=

gemeinen kräftigend (Soolbäder, Nährmittel ꝛc.) therapeutisch nicht eingegriffen. Es wird lediglich die Diagnose gestellt und die Kinder mit dieser dem Arzt oder Spezialarzt zugewiesen.

Die erste Frage bei Krankheitsbefunden lautet stets, ob die betreffende Familie eine privatärztliche Behandlung des Kindes in Aussicht nimmt. Erst wenn dies verneint ist, wird die klinische Hilfe vorgeschlagen, resp. angeordnet und innerhalb dieser das Kind der angezeigten Spezialklinik resp. Poliklinik zugewiesen.

Dem ärztlichen Teil des Ziehkinderwesens kommen die besonderen Halleschen Einrichtungen sehr zu statten. Die Spezialkliniken und Polikliniken erleichtern das Einsetzen spezialärztlicher Hilfe. Jedes Kind, welches einem Arzt oder einer Klinik resp. Poliklinik überwiesen wird, bekommt einen Überweisungsschein mit einer allgemeinen oder spezialisierten Diagnose. Derselbe enthält die Bitte um den Vermerk: „In Behandlung genommen am so und sovielsten. Diagnose". Dieser Überweisungsschein ist an die Pflegerin, sobald das Kind in Behandlung genommen ist, abzugeben. Die Pflegerin hat in solchen Fällen ihre Familienbesuche darnach einzurichten. Um beim Brechdurchfall möglichst bald ärztliche Hilfe eintreten zu lassen, führt jede Pflegerin bei ihren Wochenbesuchen Formulare, die die Unterschrift des Ziehkinderarztes und die Bitte um poliklinische Behandlung oder klinische Aufnahme enthalten, und bei denen nur das Wort „Brechdurchfall" einzufügen ist, bei sich. —

In der Sprechstunde selbst wird nur Lebertran, Milch, kostenlos zur Verfügung gestellte Nährpräparate, Ricinus, Hebrasche Salbe oder Staßfurter Badesalz resp. Soolbäder im nahen Wittekind verordnet.

Zwischen zwei Wochensprechstunden finden 6—7 Besuche des Ziehkinderarztes in den Wohnungen der Zieh- oder Pflegeeltern statt. Diese Besuche geschehen weniger zur Orientierung über den Gesundheitszustand des Kindes als zur Beaufsichtigung der Familie, in der das Kind untergebracht ist. Zur Orientierung hilft hier mehr ein gewisser Blick und eine gewisse Auffassung der Verhältnisse, als ein umständliches Examen. Die Bettstatt und die Betten läßt man sich zeigen. Man erkundigt sich des weiteren nach dem Befinden des Kindes, nach dem Baden, der Verdauung, nach event. Husten, Keuchhusten, Ohrlaufen und Infektionskrankheiten. Beim Klagen der Ziehmutter folgt unter Umständen eine Untersuchung. Man wird zweckmäßig auch die Frage einflechten nach der pünktlichen Entrichtung des Pflegegeldes. Es erleichtert dies dem Ziehkinderarzt oft den Eintritt in die Familie, wenn dieselbe sieht, daß die Besuche auch in ihrem Interesse geschehen. Nur in einem Falle sind Schwierigkeiten von den Eltern gemacht worden, weil sie sich polizeilich beaufsichtigt glaubten. Den meisten Müttern sind die Besuche angenehm, weil sie dadurch jeder event. üblen Nachrede aus dem Wege gehen. Während man die kleinen Kinder unter 6 Jahren meist zu Hause antrifft, wenn man den Besuch morgens oder gegen Abend legt, hat es eine gewisse Schwierigkeit, die Kinder über 6 Jahre anzutreffen. Der Ziehkinderarzt erteilt nach jedem Besuch eine Zensur, die lediglich die Güte der Verhältnisse bewertet, unter denen das Kind untergebracht ist.

Die Hilfe des Ziehkinderarztes wird in dessen Wohnung nur ausnahms-

IV. Die Einrichtung u. Handhabung d. Ziehkinderwesens in d. Stadt Halle a. S.

weise aufgesucht. Meist geschieht es auf direkte Veranlassung der Pflegerin. Die Zieheltern sind angewiesen, dem Privatarzt, der medizinischen Poliklinik oder den anderen Spezialkliniken das Kind zuzuweisen. Die Inanspruchnahme geschieht regelmäßig in den Fällen, in denen ein Ziehkind ohne ärztliche Behandlung verstorben ist. Dieselbe bezweckt die kostenlose Erlangung des Totenscheines. Derselbe wird in der Regel gewährt nach Obduktion der Leiche.

Die Pflichten der Pflegerinnen bestehen:

1. In den wöchentlichen Besuchen der Zieh- und Pflegekinder in den Wohnungen. Es ist wünschenswert, daß die Besuche an verschiedenen Tagen und zu verschiedenen Tageszeiten geschehen. Es ermöglicht dies eine bessere Beobachtung der Häuslichkeit. Die Pflegerin interessiert in erster Linie die Gesundheit des Kindes, seine Verpflegung und sein Bett; sie hat zu veranlassen, daß ärztliche Hilfe in Anspruch genommen wird. Sie hat in akuten Fällen, wie bei Brechdurchfall, die sofortige Überweisung des Kindes an Arzt, Poliklinik oder Klinik zu veranlassen, ferner bei mehr chronischen Leiden das Kind für die wöchentliche Sprechstunde zu bestellen. Der Blick für Krankheit wird allmählich dadurch geschärft, daß bei den Wochensprechstunden die Pflegerinnen auf Krankheitszustände aufmerksam gemacht und darüber belehrt werden. Hat eine Zieh- oder Pflegemutter in der Sprechstunde den Auftrag erhalten, ärztliche Hilfe in Anspruch zu nehmen, so hat die Pflegerin in den nächsten Tagen in der Wohnung des Kindes sich davon zu überzeugen, daß das Kind in Behandlung genommen ist. Für Neulinge hat sie Pflegen zu ermitteln, desgleichen für unzweckmäßig Untergebrachte. Mit Vorsicht muß sie die üblichen Zuträgereien verwerten oder als grundlos von sich weisen.

2. In der Besichtigung der Wohnräume, der Schlafgelegenheiten und der Kinderzahl derjenigen Familien, die einen Antrag auf Übergabe eines Pfleglings gestellt haben.

3. In der Assistenz in der Wochensprechstunde; hier ist ihre Anwesenheit für den Ziehkinderarzt unentbehrlich, weil die Pflegerin die Schwächen der Zieheltern und die Leiden des Kindes kennt. Sie ist behilflich beim Aus- und Ankleiden, sie besorgt das Wiegen und assistiert dem Arzte.

4. In der Führung der Bücher. Letztere bestehen in blaueingehefteten Büchlein. Dieselben enthalten den Namen des Kindes, den der Zieh- oder Pflegeeltern. Es folgt ein belehrender Teil über die Pflege der Kinder überhaupt und über die Pflichten der Zieheltern im besonderen. Den Schluß bilden einige Rubriken, in denen die Besuche in der Wohnung und in der Sprechstunde zu notieren sind, desgleichen die Gewichte. Besondere Vermerke werden in diesen Büchern gewöhnlich nicht gemacht.

Die Erfahrungen, die in Halle mit den vier besoldeten Pflegerinnen gemacht worden sind, sind als gute zu bezeichnen.

Die Pflichten des Bureaubeamten lassen sich kurz dahin zusammenfaßen: Er nimmt die Anmeldungen von Ziehkindern entgegen resp. von solchen Leuten, die gern einen Pflegling übernehmen; er veranlaßt eine polizeiliche Konstatierung des Leumundes der betreffenden Familie; er führt Listen über Verzug und Tod; er übermittelt die Bestellung der Kinder zur Wochensprechstunde; er richtet für jedes Kind das oben genannte Buch ein und führt außerdem über jedes einzelne einen Bogen, worauf außer dem Vermerk der Anwesenheit in der Sprechstunde die Krankheiten des Kindes vermerkt werden und die ärztliche Hilfe, der sie zugewiesen sind; er stellt ferner die Krankenzettel für Polikliniken, Armenarzt und Bandagisten aus; er notiert schwächliche Kinder und besonders solche mit Verdacht auf Spitzenkatarrh. Diese werden bald wiederbestellt. Auf dem Bogen werden auch besondere Vermerke des Arztes niedergelegt. Wird ein hoffnungslos kranker Säugling in eine andere Pflege überwiesen, so wird bei Übernahme des Kindes ein entsprechender Vermerk eingetragen, der den Zweck hat, die oft besonders tüchtige Ziehmutter vor der Anklage erhöhter Sterblichkeit ihrer Pfleglinge zu schützen.

Die Zieh- resp. Pflegeeltern stellen sich in ihrem wirtschaftlichen Niveau sehr verschieden. Sie bestehen zu einem geringen Teil aus älteren, schwächlichen, zu gröberer Arbeit unbrauchbaren, meist kinderlosen Ehepaaren, die immer noch etwas durch Ziehkinderpflege zu verdienen hoffen. Der Verdienst kann nicht einmal so gedacht werden, daß die verwendete Zeit und Mühe überhaupt noch in Anschlag gebracht wird, sondern lediglich die materielle Auslage. Ein größeres Kontingent stellen die Mütter, die, weil sie ein eigenes Kind annähernd gleichen Alters zu erziehen haben, ein fremdes Kind mit aufnehmen. Auch bei diesem Modus kann von einem Verdienst in den meisten Fällen kaum die Rede sein. Einige nehmen Pfleglinge an rein aus Liebe zu Kindern, einige in der Absicht einer Adoption. Die Perfektion der letzteren erscheint indes nicht häufig. Ein ziemliches Kontingent der meist dann außerehelichen Kinder ist bei der Großmutter oder näheren Verwandten untergebracht.

Für die Pflege eines neugeborenen bis einjährigen Kindes zahlt die Armenverwaltung pro Monat 12 Mark, außerdem gewährt sie Kleidung. Bettstelle und Bett werden eventuell auf Antrag gewährt. Für die Pflege der Kinder im zweiten Lebensjahre wird behördlicherseits 10 Mark, von da bis zur Konfirmation 9 Mark pro Monat gezahlt. Oft sind für diese Sätze keine Pflegeeltern zu bekommen und es wird mehr gezahlt. Für die Pflege nicht städtisch untergebrachter Kinder wird gewöhnlich etwas mehr vergütet. Dazu wird von den Pflegeeltern die Stellung von Bettstatt, Betten und Kleidern verlangt, oft ein frommer Wunsch, den die Armendirektion schließlich erfüllt. Die säumigen Zahler weiblichen oder männlichen Geschlechts werden ebenso oft von der Armendirektion zur Innehaltung ihrer Verpflichtungen ermahnt, als sie mittellos gefunden werden. Die meisten Mütter kümmern sich mehr oder weniger intensiv um ihre Kinder, weit weniger die Väter und naturgemäß am wenigsten die außerehelichen, unter denen die verschiedensten Berufszweige vertreten sind. Daß ein außerehelicher Vater sein Kind zu sich nimmt, dürfte wohl nur in den Fällen vorkommen, wo derselbe bei seinen Eltern wohnt; er vermeidet so meist die Entrichtung eines Pflegegeldes.

Meist begegnet man der Auffassung, daß die Zieh- oder Pflegekinder die unglücklichsten Geschöpfe auf Gottes Erdboden sind. Naturgemäß gibt es unter ihnen eine sehr große Zahl elender Kinder. Das liegt aber nicht an dem bösen Willen der Pflegeeltern, das liegt an ganz anderen Verhältnissen. Es sind von schwächlichen oder kranken Personen meist außerehelich geborene Kinder, es sind mit der nur ganz seltenen Ausnahme, daß die Ziehmutter stillt, alle Flaschenkinder. Ein Soxlethapparat existiert nicht. Nach meinen Erfahrungen sind die Zieh= und Pflegekinder weit weniger bedauernswert als die Kinder derjenigen Familien, die wegen Ärmlichkeit oder sozialer Mißstände Kinder zur Pflege nicht bekommen würden.

Manchmal stellt sich ein Gegensatz heraus zwischen dem guten Urteil, das die Pflegerin über eine Pflege hat, mit demjenigen eines Armenpflegers, der nur vorübergehend mit der Familie in Berührung kommt. Meist besteht dann das Monierte in den angeblich mangelhaften Wohnräumen, der mangelhaften Schlafgelegenheit oder zu großem Kinderreichtum. Man wird im einzelnen Falle prüfen. Man wird indes für das gezahlte Geld nicht zu viel verlangen dürfen: Bei kleinen Kindern Reinlichkeit und Reichlichkeit in der Nahrung und Reinlichkeit in der Wäsche, bei größeren Kindern Reichlichkeit in der Nahrung und gute Erziehung bleiben die Hauptsache, wenn dabei auch zwei Kinder in einem Bett schlafen oder die Familie einmal mehr Kinder hat, als uns anfänglich wünschenswert erscheinen mag. Man muß, wie gesagt, von Fall zu Fall entscheiden.

Bei der kurzen Dauer der Institution läßt sich ein Einfluß auf die Morbidität und Mortalität der Kinder noch nicht festellen. Es ist umsoweniger möglich, als der ausnahmsweise heiße Sommer 1900 eine besonders hohe Sterblichkeitsziffer der Säuglinge allenthalben gezeitigt hat.

Ein Erfolg ist indes sicher zu konstatieren. Es können Kinder der Kontrolle nicht entgehen und die ärztliche Hilfe wird aus Furcht vor behördlichen Komplikationen früher aufgesucht.

V. Die Gewichte der Halleschen Ziehkinder in den ersten 11 Lebensmonaten.

Von dem Ziehkinderarzt Professor Dr. Reinebotb-Halle a. S. (vergl. Text S. 14).

Die Durchschnittsgewichte normaler Säuglinge (offenbar Brustkinder) betragen nach Fleischmann (Wiener Klinik Juni—Juli 1877):

I. Monat	4550 g
II. Monat	5500 g
III. Monat	6350 g
IV. Monat	7000 g
V. Monat	7550 g
VI. Monat	7970 g
VII. Monat	8330 g
VIII. Monat	8630 g
IX. Monat	8930 g
X. Monat	9200 g
XI. Monat	9450 g
XII. Monat	9600 g

Die Durchschnittsgewichte der Halleschen Zieh- und Pflegekinder, welche ausnahmslos Flaschenkinder sind, die gegen Entgelt in meist unbegüterten Familien untergebracht sind:

			(Siehe oben)			(Siehe oben)
I. Monat	48 Kinder	3494 g	(4550 g)	VII. Monat	22 Kinder	5610 g (8330 g)
II. Monat	143 Kinder	3676 g	(5500 g)	VIII. Monat	19 Kinder	6068 g (8630 g)
III. Monat	85 Kinder	4227 g	(6350 g)	IX. Monat	31 Kinder	6952 g (8930 g)
IV. Monat	45 Kinder	4463 g	(7000 g)	X. Monat	15 Kinder	7235 g (9200 g)
V. Monat	38 Kinder	4965 g	(7550 g)	XI. Monat	21 Kinder	7283 g (9450 g)
VI. Monat	30 Kinder	5990 g	(7970 g)			

Die vorstehenden Zahlen sind gewonnen durch Wägungen bei den wöchentlichen Kontrolluntersuchungen der Zieh- und Pflegekinder. Die in den einzelnen Monaten notierten Gewichte dieser Kinder sind addiert und durch die Anzahl dividiert; dabei sind nur einzelne Kinder zwei-, drei- oder viermal gewogen. — Annähernd ebenso viele sind gewöhnlich vor der Monatsmitte wie nach derselben gewogen; nur im ersten Monat entfallen die Wägungen mit Ausnahme zweier nach der Monatsmitte. — Es ist kein Unterschied gemacht zwischen Knaben und Mädchen; ebenso sind die Geburtsgewichte (außerdem unbekannt) unberücksichtigt geblieben.

Die folgende graphische Darstellung der Durchschnittsgewichte normaler Säuglinge (obere Kurve) ist dem Pfeifferschen Taschenbuche der Krankenpflege (S. 319) entnommen; projizieren wir in dasselbe Schema die Gewichte der Zieh- und Pflegekinder, so haben wir ein ungefähres Bild der Unterernährung dieser Kinder.

Auch bei Berücksichtigung der Tatsache, daß „normale" Flaschenkinder auch etwas unter der Kurve der normalen Brustkinder bleiben, ist die Unterernährung als eine erhebliche zu bezeichnen.

Anhang. V. Die Gewichte der Halleschen Ziehkinder u. s. w. 91

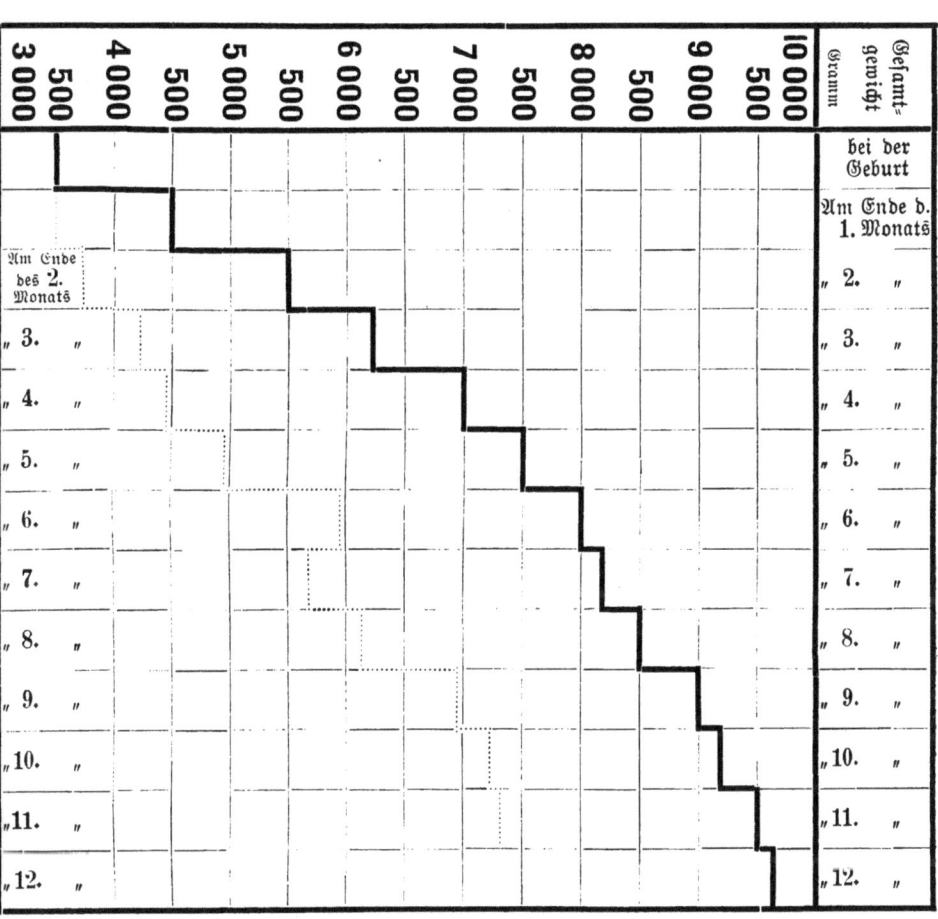

━━━ normale Säuglinge.
········· künstlich ernährte Ziehkinder.

Elsaß-Lothringen.

Während des Druckes eingegangen.

Die Beaufsichtigung der sogen. Haltekinder in Elsaß-Lothringen liegt den Bezirkspräsidenten und Bürgermeistern ob, soweit nicht durch die Bestimmungen des elsaß-lothringischen Ausführungsgesetzes zum Bürgerlichen Gesetzbuch vom 17. April 1899 Abschnitt IV, der Ministerialverordnung vom 10. Januar 1900 betreffend die Zwangserziehung Minderjähriger, die Allgemeine Verfügung des Ministeriums vom 6. Dezember 1899 betreffend das Verfahren in Angelegenheiten der freiwilligen Gerichtsbarkeit und die Registerführung der Amtsgerichte, sowie durch die Anweisung für die Gemeindewaisenräte vom 30. März 1900 für das ganze Land gültige Vorschriften getroffen worden sind.

Die überwiegende Mehrzahl der Haltekinder besteht aus sogen. unterstützten Kindern (enfants assistés), für welche nach der hier noch geltenden französischen Gesetzgebung die Bezirke zu sorgen haben. Die auf diese Kategorie von Kindern anwendbaren, in zahlreichen Ministerialentschließungen und Bezirksverordnungen zerstreuten Bestimmungen sind für den Bezirk Lothringen durch die nachstehende Verordnung des Bezirkspräsidenten in Metz vom 5. Juni 1893 einheitlich zusammengefaßt worden. Mit geringen Abweichungen gelten diese Bestimmungen auch für die anderen Bezirke.

Daneben sind in zahlreichen größeren Gemeinden besondere, die Beaufsichtigung pp. von Haltekindern betreffende, lokale Polizeiverordnungen erlassen worden.

Central- und Bezirks-Amtsblatt
für
Elsaß-Lothringen.

Dienst der unterstützten Kinder.

(56) **Verordnung.**

Nach Einsicht der Gesetze vom 15. Pluviôse des Jahres XIII und vom 5. Mai 1869;

Nach Einsicht der Dekrete vom 19. Januar 1811 und 25. März 1852, sowie auch der diesbezüglichen Verordnungen und Anweisungen;

Nach Einsicht der Artikel 205, 207, 371 bis 487 des Bürgerlichen Gesetzbuches und der §§ 221, 234, 235 und 237 des Reichsstrafgesetzbuches, sowie des Reichsgesetzes vom 6. Februar 1875;

In Erwägung, daß es wichtig ist, die auf den Dienst der unterstützten Kinder des diesseitigen Bezirks anwendbaren Bestimmungen zu vervollständigen und in eine einzige Verordnung zusammenzufassen,

verordne ich, was folgt:

Kapitel I.

Einteilung der Kinder.

Art. 1.

Die zur Bezirksunterstützung gesetzlich berechtigten Kinder sind:
1. die Findelkinder;
2. die verlassenen Kinder; und
3. die armen Waisenkinder.

Mädchen über 13 Jahre und Knaben über 14 Jahre können nur ausnahmsweise unter die Zahl der zu unterstützenden Kinder aufgenommen werden.

Art. 2.

Findelkinder sind diejenigen, welche an irgend einem Orte ausgesetzt worden sind, und welche von unbekannten Eltern abstammen.

Art. 3.

Verlassene Kinder sind diejenigen, welche von bekannten Eltern abstammen und zuerst von diesen oder von Dritten in deren Namen erzogen, dann aber von ihnen verlassen worden sind, ohne daß man weiß, was aus den Eltern geworden ist, oder ohne daß man sich an dieselben halten könnte.

Den verlassenen Kindern gleichgestellt sind:
a. die Kinder von hilfsbedürftigen Eltern, welche eine Freiheitsstrafe verbüßen oder verhaftet sind. Wenn jedoch der Vater oder die Mutter allein verhaftet ist, so bleiben die Kinder demjenigen Elternteil zur Last, welcher in Freiheit ist;
b. die Kinder von hilfsbedürftigen Geisteskranken, welche in Anstalten behandelt werden;
c. die Kinder von hilfsbedürftigen Eltern, welche in Spitälern behandelt werden, bis nach der Entlassung derselben oder eines derselben aus der Anstalt.

Die ad a bis c genannten Kinder können aber auch nur in die Zahl der zeitweise unterstützten Kinder (cf. Kapitel III.) aufgenommen werden und stehen als solche nicht unter Vormundschaft des Verwaltungsrats des Aufnahme-Hospizes. (Art. 63.)

Art. 4.

Arme Waisenkinder sind diejenigen, welche weder Vater noch Mutter mehr haben und ohne Unterhaltsmittel sind.

Art. 5.

Verlassene Kinder und Waisenkinder, denen noch Verwandte in aufsteigender Linie bleiben, werden nur dann unter die Zahl der dauernd unterstützten Kinder aufgenommen, wenn sie auch von jenen verlassen worden sind oder wenn es unmöglich ist, sich an dieselben zu halten.

Kapitel II.
Aufnahme der Kinder.

Art. 6.

Das Hospiz St. Nikolaus zu Metz ist die einzige Aufnahmeanstalt des Bezirks.

Art. 7.

Die Aufnahme von Kindern in dieses Hospiz gegen Bezahlung ist ausdrücklich untersagt.

Art. 8.

In der Stadt Metz ist im Einvernehmen mit der Bezirksbehörde eine besondere Entbindungsanstalt für hilfsbedürftige Frauen der Stadt Metz und des Bezirks gegründet. Die Anstalt befindet sich zur Zeit im städtischen Dispensaire zu Metz. Die Frauen werden erst im neunten Monate ihrer Schwangerschaft darin aufgenommen, es sei denn, daß sie in Gefahr wären, früher niederzukommen.

Falls die schwangere Frau ein unterstütztes Kind des Bezirks ist, so kann deren Aufnahme in diese Entbindungsanstalt auch vor dem neunten Monate der Schwangerschaft durch den Bezirkspräsidenten verfügt werden.

Art. 9.

Wenn ihr Gesundheitszustand oder besondere Verhältnisse diese Frauen nicht daran hindern, so müssen sie die Kinder, welche sie geboren haben, säugen und sie bei ihrem Austritt aus der Anstalt mit sich nehmen. Die Kinder können je nach den Umständen unter Belassung bei ihrer Mutter unter die Zahl der zeitweise unterstützten Kinder aufgenommen werden. (Siehe Kapitel III.)

Art. 10.

Wird ein ausgesetztes Kind aufgefunden, so begibt sich die davon benachrichtigte Ortspolizeibehörde sogleich an Ort und Stelle und läßt demselben alle nötige Pflege erteilen.

Gemäß Art. 24 des Reichsgesetzes vom 6. Februar 1875 hat dieselbe die erforderlichen Ermittelungen vorzunehmen und dem Standesbeamten des Bezirks von deren Ergebnis behufs Eintragung in das Geburtsregister Anzeige zu machen. Das von ihr in doppelter Ausfertigung zu errichtende Protokoll soll enthalten die Zeit, den Ort und die Umstände des Auffindens, die Beschaffenheit und die Kennzeichen der bei dem Kinde vorgefundenen Kleider und sonstigen Gegenstände, die körperlichen Merkmale des Kindes, sein vermutliches Alter, sein Geschlecht, die Behörde, Anstalt oder Person, bei welcher das Kind untergebracht wurde, die Namen, welche ihm beigelegt werden sollen, und überhaupt alle Anzeichen, welche dazu dienen können, die Mutter des Kindes aufzufinden, und welche die Verwaltung und erforderlichenfalls das Gericht auf die Spur der Urheber oder Mitschuldigen der Aussetzung bringen können.

Nachdem der Standesbeamte die erforderliche Eintragung in das Geburtsregister vorgenommen hat, überschickt die Ortspolizeibehörde eine Ausfertigung dieser Verhandlungsschrift dem Ersten Staatsanwalt und läßt das Kind mit gehöriger Vorsicht nach dem Aufnahmehospize überführen.

Die zweite Ausfertigung dieser Verhandlungsschrift sowie ein Auszug aus dem Zivilstandsregister ist der Hospizverwaltung zu übersenden.

Art. 11.

Die Hospiz-Verwaltung kann die an der Tür der Anstalt niedergelegten Kinder aufnehmen, vorbehaltlich der gegen die Urheber der Aussetzung einzuleitenden Verfolgungen.

Sie hat hiervon spätestens am nächstfolgenden Tage Anzeige bei der Ortspolizeibehörde zu machen.

Art. 12.

Jede Person, welche ein verlassenes Kind oder ein Waisenkind in die Bezirkspflege aufnehmen lassen will, hat einen bezüglichen Antrag an den Kreisdirektor oder an den Bürgermeister zu Metz zu richten.

Art. 13.

Vor Einreichung oder Befürwortung eines solchen Antrages ist festzustellen, ob niemand sich unentgeltlich oder gegen Bezahlung der ordnungsmäßigen Pflegegelder des verlassenen Kindes oder des Waisenkindes annehmen will. (Kapitel VI.)

Kapitel III.

Zeitweise Unterstützungen, zu deren Gewährung keine Verpflichtung für den Bezirk besteht.

Art. 15.

Um dem hilflosen Verlassen der unehelichen Kinder vorzubeugen oder Einhalt zu tun, können dieselben für eine zu bestimmende Zeitdauer unter die Zahl der zeitweise unterstützten Kinder aufgenommen werden.

Die für die zeitweise unterstützten Kinder zu zahlenden Pflegegelder sind dieselben wie die für die dauernd unterstützten Kinder. (Kapitel VI.)

Auf diese Kinder finden die Kapitel IV. bis XI und XIII gegenwärtiger Verordnung nur, soweit es besonders hervorgehoben ist, Anwendung.

In dem Beschluß, durch welchen die Aufnahme unter die zeitweise unterstützten Kinder verfügt wird, kann gleichzeitig die Abgabe eines Wickelzeugs oder von Kleidungsstücken angeordnet werden. (Kapitel VII.)

Diese Kinder können aus der Zahl der zeitweise unterstützten Kinder gestrichen werden, wenn die Lage der Mutter sich verbessert, wenn sie betteln geht oder sie sich wieder schlecht führt.

Art. 16.

Um die Legitimation der unehelichen Kinder zu begünstigen, kann die Mutter eines zeitweise unterstützten Kindes, welche sich während der Unterstützungszeit unter den im Art. 331 des Bürgerlichen Gesetzbuches bezeichneten Bedingungen verheiratet, eine Geldunterstützung von 50 Mark erhalten, welche ihr kraft eines von dem Bezirkspräsidenten zu erlassenden Beschlusses nach Vorlage des die Anerkennung seitens des Vaters enthaltenden Auszugs aus dem Personenstandsregister ausgezahlt wird.

Diese Geldbewilligung hebt die zeitweisen Unterstützungen auf.

Art. 17.

Solche zeitweisen Unterstützungen können ebenfalls auf bezüglichen Antrag aus Bezirksmitteln an Eltern bewilligt werden, welche wegen Dürftigkeit nicht in der Lage sind, ihre Kinder zu erziehen.

Kapitel IV.

Aufenthalt der Kinder im Hospiz.

Art. 22.

Findelkinder werden bei ihrer Aufnahme in das Hospiz in der katholischen Religion getauft, sofern nicht feststeht, daß sie einem andern Kultus angehören, und sofern nicht anderweitige Bestimmungen getroffen werden.

Sie werden außerdem geimpft, sobald ihr Alter oder ihr Gesundheitszustand es erlaubt.

Art. 23.

Die Kinder werden in besonderen Räumen untergebracht, woselbst nur die mit ihrer Pflege und Aufsicht betrauten Personen Zutritt haben.

Kapitel V.

Art. 25.

Die Kinder, welche gesund sind oder nach dem Gutachten des Anstaltsarztes ohne Gefahr für ihre Gesundheit in Pflege gegeben werden können, werden sobald wie möglich durch den Waiseninspektor auf dem Lande untergebracht.

Art. 26.

Geschwister sollen soviel wie möglich bei den nämlichen Pflegeeltern oder in derselben Gemeinde untergebracht werden.

Art. 27.

Jede Person, welche ein Kind aus dem Hospiz in Pflege zu nehmen wünscht, muß eine Bescheinigung des Orts-Bürgermeisters und Pfarrers vorlegen, daß sie die erforderlichen Vermögens- und Sittlichkeitsbedingungen erfüllt, daß ihre Wohnung gesund ist, sowie auch, ob sie schon Kinder aus dem Hospiz in Pflege gehabt und sie gehörig besorgt hat.

Wenn es sich um ein noch nicht entwöhntes Kind handelt, muß die Frau außerdem noch ein ärztliches Gutachten vorlegen, daß sie weder schwanger ist noch nährt, oder doch, daß das Kind, welches sie nährt, entwöhnt werden kann, und daß sie reichliche und gute Milch hat.

Art. 28.

Jeder Frau, die wissentlich schwanger ist und ein noch nicht entwöhntes Kind in Pflege verlangt und erhalten hat, oder die später schwanger geworden ist und ihren Zustand nicht sofort dem Bürgermeister angezeigt hat, welcher den Waiseninspektor davon zu benachrichtigen hat, wird das Kind bei gänzlichem oder teilweisem Verluste der verfallenen Pflegegelder entzogen

Art. 29.

Die Person, welche ein Kind in Pflege hat, verpflichtet sich bei Vermeidung derselben Nachteile:

1. dasselbe stets reinlich zu halten;
2. ein ordentliches Bett für das Kind allein und, im Falle es noch sehr jung ist, zum Schutze vor Gefahr einen Feuerschirm zu haben;
3. wenn das Kind noch nicht entwöhnt ist, es so lange zu nähren, als der Kontrollarzt es in des Kindes und ihrem Interesse für gut hält;
4. das Kind in den ersten sechs Monaten seiner Aufnahme impfen zu lassen, vorausgesetzt, daß dasselbe nicht bereits im Hospiz geimpft worden ist, es mit Milde zu behandeln und in Gesundheit wie in Krankheit über dasselbe zu wachen;
5. das Kind einer anderen Person nicht zu übergeben und ohne schriftliche Genehmigung seitens der Hospizverwaltung, des Waiseninspektors oder in dringenden Fällen des Bürgermeisters kein anderes Kind in Pflege zu nehmen;
6. die Kleider des Kindes in gutem Stande zu halten und dieselben nie anderweitig zu verwenden;
7. jedesmal, wenn sie dazu aufgefordert wird, das Kind, dessen Kleider und Verpflegungsbuch dem Waiseninspektor und namentlich dem Bürgermeister vorzuzeigen, um von demselben am Schlusse eines jeden Vierteljahres die zur Anweisung der Pflegegelder erforderliche Lebensbescheinigung zu erlangen;
8. auf Verlangen das Kind ins Hospiz zurückzubringen. Will eine Person ein Kind nicht mehr behalten, so muß acht Tage vor Rückgabe des Kindes dem Waiseninspektor Anzeige gemacht werden;
9. im Falle der Entweichung alle Schritte zur Wiederauffindung zu tun und unverzüglich dem Bürgermeister Meldung zu erstatten, welcher dem Waiseninspektor darüber berichtet;
10. das Kind weder betteln noch herumstreichen zu lassen und es zum Kirchen- und Schulbesuch anzuhalten;

11. im Falle des Todes sofort dem Bürgermeister Anzeige zu erstatten, welcher den Waiseninspektor benachrichtigt;
12. im Falle der Zurücknahme, der Entweichung oder des Todes des Kindes die Kleidungsstücke außer denen, welche zur Beerdigung gedient haben, sowie das Verpflegungsbuch an die Hospizverwaltung zurückzuschicken;
13. obige Bedingungen pünktlich zu erfüllen bei Vermeidung der gesetzlichen Strafen und selbst des Schadenersatzes zum Besten des Kindes im Falle von Mangel an Sorgfalt, von schlechter Behandlung oder von Nachteilen, welche den Sitten oder der Gesundheit desselben zugefügt worden sind.

Art. 30.

Bei der Übernahme des Kindes aus dem Hospize erhält die Person, welche das Kind in Pflege genommen hat, ein Verpflegungsbuch, enthaltend die Angabe ihrer Pflichten und Obliegenheiten nach Maßgabe des Alters des Kindes und der verschiedenen Entschädigungssummen, auf welche sie Anspruch hat, ferner die Anzahl, den Bestand und die Auslieferungszeit des Wickelzeuges und der Kleidungsstücke u. s. w.

Art. 31.

Der Pflegevater, welchem ein Zögling der Anstalt übergeben ist, hat sofort nach Rückkehr in seine Gemeinde denselben bei dem Bürgermeister anzumelden.

Art. 32.

Die Verwaltung behält sich im Interesse der Kinder unter 14 Jahren das Recht vor, dieselben nach Belieben versetzen zu können. Sie macht es sich aber zur Pflicht, das zurückgenommene Kind durch ein anderes zu ersetzen, wenn die Zurücknahme nicht aus irgend einem Grunde geschehen ist, welcher den Pflegeeltern zum Vorwurf gereichte.

Kapitel VI.

Pflege- und Entschädigungsgelder.

Art. 33.

Für die Verpflegung der dauernd und zeitweise unterstützten Kinder des diesseitigen Bezirks werden den Pflegeeltern nach Ablauf eines jeden Vierteljahres nachbezeichnete Beträge ausbezahlt:
a) für Kinder im Alter von 1 Tag bis zu 1 Jahr täglich 0,80 Mark, wenn sie an der Brust genährt, und 0,40 Mark, wenn sie mit der Flasche aufgezogen werden;
b) für Kinder von 1 bis 2 Jahren täglich 0,40 Mark;
c) für Kinder von 2 bis 12 Jahren täglich 0,24 Mark;
d) für Knaben von 12 bis 14 Jahren und für Mädchen von 12 bis 13 Jahren täglich 0,20 Mark.

Für Kinder, welche Gebrechen an sich haben, können höhere Pflegesätze bewilligt werden.

Art. 34.

Die Pflegegelder sowie die zeitweiligen Unterstützungsgelder werden erst nach Ablauf des Monats, in welchem das Kind in eine andere der oben genannten Altersstufen eingetreten ist, nach dem niederen Satze berechnet.

Die Monate werden zu 30 Tagen berechnet.

Art. 35.

Außer den vorerwähnten Geldern wird derjenigen Pflegemutter ein Beitrag von 15 Mark bewilligt, welche durch eine Bescheinigung der Ortsbehörde dartut, daß sie das noch nicht 9 Monate alte Kind sorgfam gepflegt und hat impfen lassen (wenn es vor seiner Unterbringung nicht schon geimpft gewesen).

Art. 36.

Nach der ersten Kommunion bezw. Konfirmation des Kindes wird dem Pfleger ein Beitrag von 40 Mark bewilligt, wenn er eine Bescheinigung des Geistlichen über die wirklich vollzogene erste Kommunion bezw. Konfirmation, sowie eine Bescheinigung der Ortsbehörde darüber beibringt, daß er, der Pfleger, dem Kinde in jeder Beziehung hat gute Pflege angedeihen lassen und letzteres am Tage der Kommunion bezw. Konfirmation neu gekleidet hat.

Art. 37.

Ein Beitrag von 40 Mark kann ebenfalls dem Lehrmeister bewilligt werden, welcher dem Lehrling gute Pflege und Lehre gegeben und denselben in seinem Handwerke nachgewiesenermaßen derart unterrichtet hat, daß er nach Ablauf der festgesetzten Lehrzeit imstande ist, seinen Bedürfnissen durch seine Arbeit zu genügen. Diese Vergütung ist zum Ankauf der notwendigsten Kleider für den Lehrling zu verwenden.

Art. 38.

Den Personen, welche auf Weisung oder Genehmigung der Verwaltung ein Kind aus dem Hospiz abholen oder nach demselben überführen, sind die bar ausgelegten Fahrkosten bei Eisenbahnfahrten in III. Wagenklasse zu ersetzen; außerdem kann denselben für die Reise sowie für die Beköstigung des Kindes je nach den örtlichen Verhältnissen eine Entschädigung von 1 bis 6 Mark bewilligt werden.

Art. 39.

Für die Beerdigung von unterstützten Kindern wird den Pflegeeltern vergütet:

a) bei Kindern unter 3 Jahren . . . . Mark 4,80
b)   „   „   von 3—8 „ . . . .   „ 6,40
c)   „   „   „ 8—12 „ . . . .   „ 8,00
d)   „   „   „ 12—21 „ . . . .   „ 10,00

Kapitel VII.
Wickelzeug und Kleidungsstücke.

Art. 41.

Die Abgabe der ersten Kleidungsstücke erfolgt an den Pfleger, wenn er das Kind aus dem Hospiz abholt.

Die Hospizverwaltung übersendet auf bezüglichen Antrag die ferner zu liefernden Kleidungsstücke an die Pflegeeltern. Dies ist auch der Fall bezüglich der unterstützten Kinder, welche gleich nach der Aufnahme bei Pflegeeltern untergebracht worden sind.

Behufs Erlangung der Kleidungsstücke haben die Pflegeeltern ein bezügliches Gesuch an die Verwaltung unter Beifügung einer Lebensbescheinigung der Ortsbehörde und des Verpflegungsbuches des Kindes zu richten.

Art. 42.

Die Pflegeeltern sind für die Gegenstände verantwortlich, welche ihnen übergeben worden sind. Folglich haben sie im Falle der Zurücknahme, des Entlaufens oder des Todes des Kindes dieselben an das Hospiz zurückzuschicken.

Wenn sie sich nicht nach dieser Vorschrift richten, so haben sie eine Summe zu erlegen, die ungefähr dem Wert der behaltenen Gegenstände gleichkommt und welche von geschuldeten Pflegegeldern abgezogen oder in gewöhnlicher Form eingefordert wird.

Doch wird die Rückgabe der Gegenstände, welche schon über sieben Monate im Gebrauch sind, nicht gefordert.

Kapitel VIII.
Ärztliche Pflege.

Art. 43.

Die unterstützten Kinder haben in Gemäßheit der Verordnung des Bezirkspräsidenten vom 17. Dezember 1890 (abgedruckt auf Seite 1 des Zentral- und Bezirks-Amtsblattes für Elsaß-Lothringen für 1891) Anspruch auf unentgeltliche Krankenpflege.

Außerdem erhalten dieselben aus Bezirksmitteln die vom Arzte verordneten Medikamente u. s. w. Zu diesem Zwecke haben die Apotheker die nach Maßgabe der elsaß-lothringischen Arzneitaxe aufzustellenden und vom Kantonalarzte mit dem Richtigkeitsvermerke versehenen Rechnungen unter Gewährung eines angemessenen Rabattes an die Hospizverwaltung zu übersenden.

Art. 44.

Unterstützte Kinder, welche mit einer besondere Pflege erheischenden Krankheit behaftet sind, können je nach Umständen in das Aufnahmehospiz zurückgebracht werden.

Kapitel IX.
Religiöse und geistige Erziehung.
Art. 45.

Die Pflegeeltern sind verpflichtet, die ihnen anvertrauten Kinder, welche das 6. Jahr erreicht haben, regelmäßig in die Schule zu schicken. Sie haben darauf zu achten, daß die Kinder nach der Schule die vom Lehrer erhaltenen Aufgaben erledigen.

Diese Kinder sind laut Artikel 13 des Dekrets vom 31. Dezember 1853 vom Schulgeld befreit.

Art. 46.

Die Lehrer und Lehrerinnen haben den Kindern, damit die Letzteren dem Unterricht mit Nutzen folgen können, die nötigen Bücher, Papiere, Lineale, Bleistifte, Federn, Tinte u. s. w. zu liefern. Für die Lieferung der Unterrichtsgegenstände an diese Kinder, zugleich als Entschädigung für den Unterricht derselben werden nach Ablauf eines jeden Halbjahres den Lehrern oder Lehrerinnen nachstehende Beträge ausgezahlt:

a) für Kinder von 6 bis einschließlich 8 Jahren 0,60 Mark monatlich,
b) für Kinder über 8 Jahre bis zur Schulentlassung 0,80 Mark monatlich.

Diese Beträge werden für jene Monate, in welchen die Kinder weniger als 15 Tage die Schule besucht haben, auf die Hälfte herabgesetzt.

Art. 47.

Die Vorsteher bezw. die Vorsteherinnen der öffentlichen Kleinkinderschulen sind verpflichtet, die unterstützten Kinder aufzunehmen.

Art. 48.

Die Pflegeeltern müssen die ihnen anvertrauten Kinder in ihrer Religion unterrichten lassen, zur Befolgung der Gebote derselben und dem Besuche des Gottesdienstes anhalten.

Art. 49.

Die Bestimmungen in betreff des unentgeltlichen Primärunterrichts sind auf die zeitweise unterstützten Kinder, welche das schulpflichtige Alter erreicht haben, anwendbar.

Kapitel X.
Unterbringung nach der Schulentlassung.
Art. 50.

Die Kinder, welche aus der Schule entlassen sind, werden durch den Waiseninspektor bei Ackersleuten oder als Lehrlinge bei Handwerkern untergebracht. Unter gleichen Bedingungen werden sie bei den Personen belassen, welche sie erzogen haben.

Art. 55.

Die Kinder, welche infolge von Gebrechen, selbst gegen Pflegegelder nicht auf dem Lande untergebracht oder belassen werden können, werden im Hospiz behalten oder in dasselbe zurückgebracht. Sie werden in demselben zu Arbeiten verwendet, welche ihren Kräften und Fähigkeiten angemessen sind.

Kapitel XI.
Aufsicht. Besichtigung. Vormundschaft.

Art. 57.

Der Bürgermeister versichert sich durch öftere Besuche, ob die Kinder jeden Alters gesunde und reichliche Nahrung erhalten und gut behandelt werden, ob sie geimpft sind und im Krankheitsfalle die nötige Pflege und Arzneien erhalten; ob sie vom Betteln abgehalten werden und gute Beispiele vor Augen haben, endlich ob sie in dem schulpflichtigen Alter unentgeltlich in die Schule geschickt und aufgenommen werden.

Art. 58.

Nach Ablauf eines jeden Vierteljahres läßt er sich die Kinder vorzeigen, um die Lebensbescheinigung, deren Muster ihm von der Hospizverwaltung oder von dem Waiseninspektor übersandt wird, ausstellen zu können. (Siehe Art. 78.)

Art. 59.

Der Bürgermeister hat der Verwaltung die Kinder anzuzeigen, welche die Gemeinde ohne die Genehmigung der Verwaltung verlassen haben, ferner den Tag, an welchem sie fortgegangen sind, die Ortschaften, wohin sie verzogen zu sein scheinen, endlich alle Auskünfte, welche er über ihren neuen Aufenthaltsort erhalten hat.

Art. 60.

Der Bürgermeister hält darauf, daß ihm der Sterbefall der Hospizzöglinge richtig angezeigt wird, und überschickt der Hospizverwaltung oder dem Waiseninspektor sofort eine Abschrift der Sterbeurkunde.

Außerdem trägt er den Todesfall in das Verpflegungsbuch des Kindes ein.

Beim Tode der Mutter, der Pflegeeltern oder der Dienstherren benachrichtigt er sofort die Verwaltung und ergreift ungesäumt die Maßregeln, welche das Wohl der Kinder erheischt.

Art. 61.

In jeder Gemeinde, in welcher unterstützte Kinder sich in Pflege befinden, bilden der Ortsbürgermeister und Pfarrer einen Aufsichtsrat.

Der Aufsichtsrat hat den Auftrag, die Ausführung der wohltägigen Anordnungen zu sichern, welche die Verwaltung zum Besten der Kinder getroffen hat. Hinsichtlich der noch schulpflichtigen Kinder versichert sich der Aufsichtsrat, ob die Pflegebedingungen redlich erfüllt werden, ob diese Kinder eine gesunde und reichliche Nahrung bekommen, ob sie reinlich gehalten und mit Sorgfalt und Menschlichkeit behandelt werden; ob sie geimpft sind und in Krankheitsfällen die nötige Pflege erhalten; ob sie im Hause des Pflegevaters Beispiele von Rechtschaffenheit und von gutem Betragen finden; ob sie den Religionsunterricht und die Elementarschulen besuchen und auf die erste Kommunion bezw. Konfirmation vorbereitet, endlich, ob die vom Hospiz gelieferten Kleider nur von diesen Kindern getragen werden.

In betreff der Pfleglinge nach der Schulentlassung bis zum Alter von 21 Jahren wacht der Aufsichtsrat darüber, daß die Bedingungen ihres Lehr- oder Dienstvertrages genau beobachtet werden, daß diese jungen Leute ordentlich behandelt, genährt und gekleidet werden; daß sie zum Besuch des Gottesdienstes angehalten werden, endlich, daß sie nur gute Beispiele vor Augen haben u. s. w.

Art. 62.

Der Waiseninspektor ist dem Bezirkspräsidium unterstellt und erhält von demselben seine Dienstanweisungen. Er besucht einmal jährlich oder öfters, wenn es nötig ist, die zeitweise unterstützten Kinder und die Hospizzöglinge von 1 Tag bis 21 Jahren.

Seine Dienstreisen erfolgen an unbestimmten Zeitpunkten und immer unerwartet. Er versichert sich entweder persönlich oder mittelst seiner Beziehungen mit den Bürgermeistern, Pfarrern, Kantonalärzten und anderen zuverlässigen Personen, ob die Mutter, Pflegeeltern oder Meister ihre im Laufe gegenwärtiger Verordnung erwähnten Obliegenheiten erfüllen; und verneinendenfalls beantragt er die Aufhebung der zeitweiligen Unterstützung oder sorgt für die Versetzung der Kinder.

Art. 63.

Durch die Aufnahme in das Aufnahme-Hospiz sind die Kinder mit vollem Rechte unter die Vormundschaft des Verwaltungsrats desselben gestellt. Somit erlischt von rechtswegen jede vor der Aufnahme des Zöglings in die Anstalt für denselben bestehende Vormundschaft.

Der Teil dieser Vormundschaft, welcher in der Unterbringung, der Aufsicht oder der Versetzung besteht, ist auf den Waiseninspektor übertragen.

Art. 64.

In der ersten Sitzung eines jeden Jahres bezeichnet der Verwaltungsrat dasjenige seiner Mitglieder, welches das Amt als gesetzlicher Vormund zu versehen hat. Die übrigen Mitglieder bilden den Vormundschaftsrat.

Kapitel XII.
Ausgaben.
Art. 72.

Die Ausgaben für unterstützte Kinder zerfallen in:
1. innere Ausgaben;
2. äußere Ausgaben;
3. Auslagen für die Aufsicht und Überwachung.

Art. 73.

Die inneren Ausgaben begreifen:
1. die Ausgaben, welche durch den Aufenthalt der Kinder in dem Hospize veranlaßt sind;
2. die Ausgaben für die Ammen, welche im Hospiz wohnen;
3. die Kosten für das Wickelzeug.

Art. 74.

Die äußeren Ausgaben begreifen:
1. die zeitweiligen Unterstützungen, durch welche hilflosem Verlassen vorgebeugt oder ein Ende gemacht werden soll;
2. die Pflegegelder und die vorschriftsmäßigen und ausnahmsweisen Geldbewilligungen, welche die auf dem Lande oder in besonderen Anstalten untergebrachten Kinder betreffen;
   die Vergütungen für die Pflegeeltern, die Kosten für die Schule und die Lieferungen für die Schule;
3. die Ausgaben für die Kleidungsstücke;
4. die Transportkosten der unterstützten Kinder und die für die Anbingung von Ammen nötigen Ausgaben;
5. die Register und Drucksachen jeder Art, die Kosten für die Pflegebücher;
6. die Kosten der Krankheit und Beerdigung der in die Kost oder in die Lehre gegebenen Kinder.

Art. 75.

Die Ausgaben für die Beaufsichtigung begreifen das Gehalt und die Reisekosten des Waiseninspektors sowie überhaupt alle durch Überwachung dieses Dienstzweiges verursachten Kosten.

Art. 76.

Die inneren und äußeren Ausgaben werden gedeckt:
1. aus dem Ertrage von Stiftungen, der besonderen Schenkungen und Vermächtnisse zu Gunsten der unterstützten Kinder;
2. aus dem Ertrage der Polizeistrafgelder;
3. aus dem Beitrage des Bezirks;
4. aus dem Beitrage der Gemeinden; und
5. aus dem Staatszuschuß.

Art. 77.

Die Kosten für die Aufsicht und Überwachung fallen dem Staat zur Last.

Art. 78.

In den letzten zehn Tagen eines jeden Vierteljahres überschickt die Hospizverwaltung den Bürgermeistern Muster für Lebensbescheinigungen der in ihren Gemeinden unterstützten Kinder. Nachdem die Bürgermeister die Muster ausgefüllt und unterzeichnet haben, senden sie dieselben gleich nach Ablauf des betreffenden Vierteljahres an die Hospizverwaltung zurück.

Der Waiseninspektor macht eine gleiche Sendung in betreff der zeitweise unterstützten Kinder. Die betreffenden Lebensbescheinigungen sind von den Bürgermeistern in der vorbezeichneten Frist dem Waiseninspektor zurückzuschicken.

Art. 79.

Auf Grund der eingegangenen Lebensbescheinigungen läßt die Hospizverwaltung die Pflegegelderabrechnung für die dauernd unterstützten Kinder aufstellen.

Art. 80.

Diese von der Hospizverwaltung aufgestellte und von dem Waiseninspektor geprüfte Abrechnung sowie die von dem Waiseninspektor aufzustellende Pflegegelderabrechnung für die zeitweise unterstützten Kinder werden von dem Bezirkspräsidenten auf die Kaiserliche Landeshauptkasse zu Straßburg durch Vermittlung der betreffenden Steuerkassen an die Empfangsberechtigten zur Zahlung angewiesen.

Art. 81.

Die zeitweiligen Unterstützungen, die Pflege- und Schulgelder können nicht mit Beschlag belegt werden, da sie den für das Kind gelieferten Unterhalt darstellen.

Die Steuerkassen können dieselben nicht ohne Einwilligung der Pflegeeltern für Zahlung von Abgaben, welche sie schuldig sind, einhalten u. s. w.

Kapitel XIII.

Anerkennung und Zurückforderung von Kindern.

Art. 82.

Den Verwandten können auf Wunsch Nachrichten über die Kinder gegeben werden. Diese Nachrichten beschränken sich aber auf die Existenz oder den Tod, den Gesundheits- oder Krankheitszustand der Kinder.

Es können ebenfalls Nachrichten den nicht verwandten Personen erteilt werden, welche nachweisen, daß sie ein rechtmäßiges Interesse haben, dieselben zu verlangen.

Art. 83.

Die Gesuche um Zurücknahme von Kindern sind an den Bezirkspräsidenten zu richten, welcher nach Anhörung des Verwaltungsrats der Zivil-Hospize und des Waiseninspektors darüber entscheidet.

Art. 84

Die Gesuchsteller müssen alle Angaben liefern, welche geeignet sind, die Identität des zurückgeforderten Kindes zu bestätigen. Sie haben außerdem eine bürgermeisteramtliche Bescheinigung über ihre Sittlichkeit und ihre Vermögensverhältnisse und insbesondere auch darüber, ob sie imstande sind, die dem Bezirk erwachsenen Ausgaben zu erstatten oder in Zukunft für die Bedürfnisse des Kindes zu sorgen, vorzulegen.

Der Bezirkspräsident behält sich das Recht vor, die schuldige Summe oder einen Teil derselben zu erlassen.

Art. 85.

Wenn das Kind kraft eines Vertrages untergebracht ist, so kann die Rückgabe desselben erst dann erfolgen, wenn der Vertrag regelmäßig aufgehoben ist.

Metz, den 5. Juni 1893.

I a. W. 369.

Der Bezirkspräsident
Frhr. **von Hammerstein.**

Printed by Libri Plureos GmbH
in Hamburg, Germany